현대 중국어 실용문법

진광호 · 이효영 · 이은민 · 기유미 지음

부산외국어대학교 출판부

현대 중국어 실용문법

2018년 8월 27일 초판 인쇄
2018년 8월 31일 초판 발행

저 자/ 진광호 · 이효영 · 이은민 · 기유미
발행인/ 정 기 영
발행처/ 부산외국어대학교 출판부
등 록/ 제 14-11-15호
주 소/ 46234 부산 금정구 금샘로485번길 65
전 화/ 051) 509-6466~7 팩스/ 051) 509-6468
인터넷/ http://press.bufs.ac.kr
편 집/ 주간 · 김동하, 디자인 · 서인홍
인쇄처/ 세종문화사 (051) 463-5898
공급처/ 한국출판협동조합 (02) 716-5616~9

ISBN 978-89-8312-446-3 93720

정가 13,000원

이 도서의 국립중앙도서관 출판예정도서목록(CIP)은 서지정보유통지원시스템 홈페이지(http://seoji.nl.go.kr)와 국가자료공동목록시스템(http://www.nl.go.kr/kolisnet)에서 이용하실 수 있습니다.(CIP제어번호: CIP2018027446)

머리말

본 교재는 중국어를 배우는 한국인 학습자에게 중국어 학습의 도움을 주기 위하여 중국어 문법 지식을 체계적으로 서술하는 한편, 한국인들이 중국어 학습에서 봉착하는 난점과 중국어 사용에서 자주 나타나는 문법적 오류에 대해 구체적으로 서술하였다.

≪현대 중국어 실용문법≫은 이전에 출판된 여러 '현대 중국어 문법' 교재와 여러 연구 자료를 참고하였으며, 중국어 문법의 기존 체계를 고려하여 한국인 학습자들이 비교적 쉽고 간편하게 받아들이도록 정리하였다. 또한 일부 저작과 연구 자료에 나온 예문을 직접 인용하였는데, 서술의 간결성을 고려하여 일일이 출처를 밝히지는 않았다.

시중에 중국어 문법 관련 교재는 많으나 중국어를 좀 더 깊이 있게 학습하기에는 양이 부족하거나 너무 간략하고, 시험 대비 위주의 학습 자료로 정리된 경우가 많다. 이에 본 교재는 중국어, 중국학을 전공하는 한국인 학습자나 깊이 있는 중국어 문법 학습을 경험하고 싶은 학생들에게 추천한다.

바쁜 가운데 이 책의 집필을 맡아 모든 수고를 아끼지 않은 공동 저자 선생님께 깊은 감사의 뜻을 전한다. 또 이 책이 나오기까지 도움을 주신 부산외국어대학교 중국학부 여러 교수님들께도 감사의 마음을 전하는 바이다.

2018년 7월

금정산 기슭에서

집필진 일동

차　례

제 1 장 실용 문법에 대한 이해

【주요내용】
- 실용문법의 정의
- 중국어 실용문법을 배우는 목적
- 중국어 실용문법 습득 방안

제 1 절 실용문법이란 무엇인가?

사람은 누구나 자신이 태어난 환경에 의해 언어를 배우게 된다. 한국에서 태어난 사람은 기본적으로 한국어를, 미국에서 태어난 사람은 영어를, 중국에서 태어난 사람은 중국어를 아주 자연스럽게 배우며 성장하게 된다. 이를 우리는 보통 母国语라 부르고 있다. 이렇게 자신의 모국어를 자유롭게 구사할 수 있도록 성장한 후에 필요에 따라 제2의 혹은 제3의 외국어를 배우게 된다. 이때 모국어와 외국어간에 발음상, 어법상 상당한 충돌이 일어나게 된다. 발음상의 문제는 과학적이고 체계적인 연습과 노력에 의해 극복될 수 있을 것이며, 어법의 문제는 이와 또 다른 각도에서 해결을 위한 접근이 있어야 할 것이다. 따라서 해당 외국어의 실용어법에 대한 학습은 태어나 줄곧 몸에 밴 모국어의 어법체계를 타파하면서 체계적이고 정확한 외국어를 배우기 위해서는 필수적인 과정이라 아니할 수 없을 것이다.

예로 우리가 한국어로 의사 표현을 할 때 한국어의 언어 규칙에 맞게 해야 하는 것처럼, 중국어로 의사 표현을 할 때도 중국어의 언어 규칙에 맞게 해야 한다. 그렇지 않고 한국어의 언어 규칙으로 중국어를 말한다면, 중국어 표현이 제대로 되지 않아 상대방이 알아듣지 못하거나 심지어 오해를 일으키게 될 수도 있다.

예) "거리에 책을 사러 간다." 또는 "책 사러 거리에 간다."

→ 上街去买书。(○)

→ 要买书上街去。(×)

"수공업이 기계화로 대체되었다."

→ 机械化代替了手工业。(○)

→ 手工业劳动代替了机械化。(×)

"그는 작년에 고등학교를 졸업하였다."

→ 他去年高中毕业了。(○)

→ 他去年毕业了高中。(×)

문법이란 단어를 배열하여 문장을 짓고 말을 연결하는 규칙으로 언어마다 나름대로의 독특한 어법적 규칙을 가지고 있다.

실용문법이란 바로 실생활에서 문법적 규칙에 따라 말과 글을 바르게 사용하게 하는 것을 말한다. 모국어의 기초 위에서 외국어를 배우려면 외국어 문법을 잘 이해해야 모국어 문법의 영향을 적게 받으며 외국어를 더 잘 배워낼 수 있는 것이다.

우리가 중국어 문법을 배울 때 늘 한국어 문법과 상호 비교하게 되는데, 한국어와 중국어는 공통된 어법 현상과 다른 현상이 존재하고 있다. 공통된 어법 현상은 중국어에 응용시켜 비교적 자연스럽게 익힐 수가 있지만, 다른 어법 현상은 한국어 어법의 장애를 받아 인위적인 노력에 의하지 않으면 극복하기가 그리 쉽지 않다.

예) "저에게는 적지 않은 결점이 있습니다."

→ 我身上存在着很多缺点。또는 我有很多缺点。(○)

→ 我存在着很多缺点。(×)

"책 한 권이 책상 위에 있다."
→ 桌子上有一本书。 또는 有一本书在桌子上。(○)
→ 一本书在桌子上。(×)

예) "청한 손님이 오셨다."
→ 客人来了。
"손님이 오셨다."
→ 来客人了。

⇨ 위의 두 예문 모두 의미상 차이는 있지만 문법 규칙에는 맞음.

"세 사람이 먹기에 부족하다."
→ 一锅饭吃不了三个人。
"세 사람이 다 먹을 수가 없다."
→ 三个人吃不了一锅饭。

⇨ 위의 두 예문 모두 문법에 맞지만 의미의 차이가 있음.

이러한 것들은 실용어법을 정확하게 배움으로 그 용법과 의미상의 차이를 분별해낼 수가 있는 것이다.

결론적으로, 우리가 사용하고 있는 중국어 문장(句子)의 수는 헤아릴 수 없이 많지만 문장 유형(句型)은 제한되어 있다. 문법이란 이렇게 제한된 문장 유형을 배우고 연구하는 학문이며, **실용 문법**이란 이런 문장 유형에 관한 이론을 실생활 가운데에서 응용하는 학문을 말하는 것이다.

제 2 절 왜 중국어 실용 문법을 배워야 하는가?

우리는 일상생활 속에서 한국어를 사용하면서 필요에 따라 중국어로 말하거나 글을 쓰기도 한다.

중국어 실용 문법을 배우면 중국어의 문법 규칙을 파악할 수 있어 규칙에 따라 정확하게 말하고 문장을 쓸 수 있으며, 문장에서 나타난 문법적 오류를 올바로 찾아내어 시정할 수 있다.

하나의 중국어 문장을 한국어로 다양하게 표현해낼 수 있는 것처럼 하나의 한국어의 문장도 여러 형태의 중국어 문장으로 나타낼 수 있다. 만일 우리가 쓸 수 있는 중국어의 문장 형식이 다양하고 풍부하다면 언어 환경, 언어의 감정적 색채와 표현 수단 등의 차이에 따라 중국어 표현이 생동감 있고 다양해 질 수 있을 것이다.

예) "그의 모범적 행동은 나를 감동시켰다."
→ 他的模范行为感动了我。
→ 他的模范行为使我感动了。
→ 我被他的模范行为所感动了。

이렇게 단어들의 구체적인 용법을 분명하게 알고 문장 유형을 파악할 수 있어야 문장의 문법적 오류를 범하지 않을 수 있을 것이다.

중국에서 출간된 많은 현대 중국어 문법책들은 대부분 중국인을 대상으로 썼기 때문에, 외국인들이 중국어를 배울 때 봉착하는 난점들이 적게 언급되고 있거나 외국인이 잘 틀리고 어려워하는 부분에 대해 시원스레 해결을 해주지 못하고 있다.

예) "어디에서 일 하십니까?"

→ 工作在哪儿? (×)

→ 在哪儿工作。 (○)

"우체통에 편지를 넣다."

→ 在信箱里投信。 (×)

→ 信投在信箱里。 (○)

왜 "工作在哪儿 ? "과 "在信箱里投信。"은 틀린 문장인가? 중국인들은 습관적, 감각적으로 언어를 구사하므로 이러한 것에 대해 의문을 갖지 않기 때문에 구태여 언급할 필요를 느끼지 않는다. 그러나 외국인 입장에서는 이를 문법적으로 분석, 설명해야만 이해할 수 있는 것이다.

다시 말해 **실용 문법**은 품사마다의 특징과 문장 구조를 파악하고 문장 성분을 분석할 줄 알며, 바른 문장과 틀린 문장을 가려 그 오류를 시정할 수 있는 능력을 배양시켜 주는데 그 목적이 있는 것이다.

제 3 절 어떻게 중국어 실용 문법을 배울 것인가?

대부분의 한국인은 모국어의 기초 위에서 중국어를 제2 혹은 제3의 언어로 배우기 때문에, 중국어 실용 문법을 중국어를 배우는 주요 수단으로 삼고 있다.

중국어 문법 규칙도 다른 언어의 문법 규칙과 마찬가지로 단어와 단어 결합, 그리고 문장에서 개괄해 낸 것으로, 일반적인 상황에서 중국어 문장에 대해 제약적인 역할을 한다.

서로 다른 문법적 특징을 가지고 있는 실사는 허사, 어순, 어조 등 문법적 수단에 의해 단어 결합을 이룬 다음 단일문을 이루고, 의미상 연관 관계가 있는 단일문은 어순, 관련어, 어조 등 문법적 수단에 의해 복합문을 이룬다. 따라서 중국어 실용 문법을 배우려면 우선 문법적 규칙을 파악해야 한다. 중국어 실용 문법은 주로 중국어의 일반적인 문법 규칙을 다루지만, 일반규칙뿐만 아니라 특수 규칙과 개별적 현상도 알아야 중국어의 모든 문법 규칙을 안다고 할 수 있을 것이다.

일반 규칙은 일반적인 언어 현상 속에서 개괄해 낸 것이므로 응용범위가 넓다.

예) 中国的首都是北京。
弟弟是学生。
⇨ 판단 동사 '是'는 주어와 빈어가 나타내는 개념이 동일하거나 종속적인 관계일 때, 주어와 빈어를 연결시킴.

특수 규칙은 특수한 언어 현상 속에서 개괄해 낸 것으로서, 응용되는 범위가 제한적이다.

예) 我(是)龙井。
⇨ 일반 규칙에 부합되지 않지만 전화나 대화에서는 '我(是)龙井, 你(是)哪儿？'이라 쓸 수 있음.

개별적 현상은 일반 규칙에 맞지 않는 습관어이다.

예) 他处理问题, 一是一, 二是二, 绝不马虎 (○)
他处理问题, 二是二, 三是三, 绝不马虎。(×)

그러므로 일반 규칙, 특수 규칙과 개별적 현상에 주의를 기울려야 한다. 일반 규칙으로 특수 규칙을 부인하거나 특수 규칙으로 일반 규칙을 대체해서는 안 된다.

그리고 중국어 실용 문법을 배우는데 있어 이론과 실천의 관계를 적절히 조화

시켜야 한다. 중국어 문법은 중국어를 분석한 기초 위에서 귀납해 낸 중국어의 객관적 법칙이다.

우리가 중국어 실용 문법을 배우는 데는 두 가지 편향적인 태도를 극복해야 한다. 하나는 문법 지식의 체계성만 강조해 품사 분류나 문장 분석에만 치우쳐 종합적인 실천을 경시하는 것이다. 다른 하나는 실용성만 고집해 체계적인 이론 지식을 등한시하는 것이다.

따라서 외국어는 이를 잘 조화시켜 문법적 이론의 지도하에 실천하고 언어를 실천하는 가운데 문법 이론을 습득해야한다.

제 2 장 현대 중국어 문법 개요

【주요내용】

- 현대 중국어 문법의 특징 :
  (1) 어순의 중요성　(2) 허사의 발달　(3) 시제의 표현 방법
- 중국어의 문법적 단위 :
  단어 구성 요소 〈 단어 〈 단어 결합 〈 문장

각 나라의 언어는 저마다의 민족성과 지역성을 띠고 있다. 이러한 언어의 내부 체계를 자세히 살펴보면, 서로 다른 언어는 각기 다른 문법적 특징을 가지고 있다.

제 1 절 현대 중국어 문법의 특징

(1) 중국어는 **어순**이 의미의 표현에 중요한 역할을 한다. 그렇기 때문에 어순에 따라서 문장의 의미 표현이 달라질 수 있다.

① 你应该去。	너는 가야한다.
② 应该你去。	네가 가야한다.
③ 这些原料用不了一个星期。	이 원료는 일주일 동안 쓸 수가 없다. ('원료의 양이 적다'는 의미)
④ 一个星期用不了这些原料。	일주일 동안 이 원료를 소모하지 못한다. ('원료의 양이 많다'는 의미)
⑤ 他的毛病没有完全改。	그의 결점이 완전히 고쳐진 것은 아니다.

('일부의 결점만 고쳤다'는 의미)

⑥ 他的毛病完全没有改。 그의 결점은 완전히 고쳐지지 않았다.

('결점을 전혀 고치지 못했다.'는 의미)

(2) 중국어는 엄격한 의미에서 형태 표시와 형태 변화가 결핍되어 있어서 그러 특징을 보완해주는 별도의 단어가 매우 발달되어 있다. 이러한 단어들의 부류를 **허사**(3장 참고)라고 한다.

① 그는 소설을 **쓴다.** → 他在写一本小说。
② 그는 소설을 **썼다.** → 他写了一本小说了。
③ 그는 소설을 **썼었다.** → 他曾经写了一本小说。

한국어에서는 동사 '쓰다'에 '-ㄴ'이 쓰여 현재를 나타내며, '-었'이 쓰여 과거를, '-었었'이 쓰여 과거에 완료되었음을 나타낸다. 그러나 중국어에서 동사 '写'는 그 자체의 형태 변화 없이 '写' 앞에 '在'를 써서 현재를 나타내고, 또 '写' 뒤에 동태 조사 '了'를 써서 완료를 나타낼 수 있으며, '写'의 앞뒤에 각각 '曾经', '了'를 써서 과거에 완료되었음을 나타낼 수 있다.

(3) 중국어는 동사 뒤에 **시제**를 나타내는 문장성분이 따로 없다. 그래서 주로 시간명사, 시간부사, 능원동사 그리고 상하 문맥에 의해 현재, 과거, 미래의 시제를 나타낸다.

① 昨天下雨, 但是他竟然来看我。 (과거)
② 张先生和小李在讨论技术革新问题。 (현재)
③ 我要去, 就让我去吧。 (미래)

[주의]

동태조사 '了'는 동작의 완료만 나타낼 뿐 시간의 과거와 필연적인 관계는 없다.

① 借了一本书。(완료) → 你看, 他借了一本书。(현재 완료)
② 看了电影。 (완료) → 看了电影就回家了。 (과거 완료)
③ 吃了饭。 (완료) → 你吃了饭再去吧。 (미래 완료)

따라서 현대 중국어에서 동태 조사 '着', '了', '过'는 한국어의 시제조사와 같지 않음에 주의해야 한다.

제2절 현대 중국어 문법적 단위

문법적 단위란 문장을 이루는 각각의 세부 구성원들의 단위를 말한다. 이러한 중국어의 문법적 단위에는 '단어 구성 요소', '단어', '단어 결합' 및 '문장' 등이 포함된다.

1. 단어 구성 요소

단어 구성 요소란 어음과 의미가 결합되어 단어를 구성하는 최소의 문법적 단위이다.

① 한 개의 한자로 된 단음절 단어 구성 요소
예) '为', '人', '民', '服', '务' 등

② 두 음절로 된 단어 구성 요소
예) '蜻蜓', '琵琶', '馄饨', '葡萄' 등

만일 '蜻蜓'을 '蜻'과 '蜓'으로 분리한다면 '蜻'과 '蜓'은 각각 음은 존재하나 의미가 없는 음절이 되어 단어 구성 요소가 되지 못한다.

③ 다음절로 된 단어 구성 요소
예) '巧克力', '奥林匹克' 등

위와 같이 음역 된 외래어의 각각의 글자는 뜻 없이 음만 표기하기 때문에 합쳐서 하나의 다음절 단어 구성 요소가 된다.

[참고]

중국어에는 '代', '待', '袋', '戴', '带' 등과 같이 음이 같고 글자가 다른 형태의 단어 구성 요소가 다수 존재하며, 또 '锁(上)'과 '锁(头)'와 같이 글자는 같지만 의미가 다른 형태의 단어 구성 요소도 있다. 이 두 개의 '锁'는 각각의 다른 단어 구성 요소이다.

이러한 단어 구성 요소 가운데에는 '我', '人', '走', '高' 등과 같이 단독으로 쓸 수 있는 단어 구성 요소가 있고, '泳', '姊', '韭', '誉' 등과 같이 단독으로는 쓸 수 없고 반드시 다른 단어 구성 요소와 결합해서 '游泳', '姊妹', '韭菜', '荣誉'의 형태로 쓰이는 단어 구성 요소도 있다.

2. 단어

단어란 단독으로 자유롭게 쓰일 수 있는 최소의 문법적 단위이다.

예) '人', '山', '玻璃', '语言', '学习', '火车', '东西', '因为', '固然' 등

만약 '玻璃'와 같은 단어를 '玻'와 '璃'로 분리하면 각각은 어떤 의미도 나타내지 못한다. 또 '语言'과 같은 단어를 '语'와 '言'으로 분리하면 각각 의미는 갖고 있지만, 현대 중국어에서는 단독으로 자유롭게 쓰이지는 못한다.

이와 마찬가지로 '学习'와 같은 단어를 분리하면 두 글자 가운데 '习'는 단독으로 자유롭게 쓰이지 못하며, '火车'와 같은 것은 '火'와 '车'로 분리하면 각각 자유롭게 쓰일 수는 있지만, 다른 뜻의 단어가 된다.

또한 '高山'은 단독으로 자유롭게 쓰일 수는 있지만, 그것이 최소의 문법적 단위는 아니다. 왜냐하면 '高'와 '山' 두 단어로 더 분리시킬 수 있기 때문이다.

'단독으로 자유롭게 쓰일 수 있는 최소의 문법적 단위'란 다른 문장 성분의 도움 없이 단독으로 문장의 한 구성 성분이 될 수 있다는 것을 말한다. 아래의 예시에서 '汽车'라는 단어는 문장에서 각각 단독으로 주어, 목적어, 한정어 등으로 쓰였다.

① 汽车是一种运输工具。 (주어)
② 我买了一辆汽车。 (목적어)
③ 汽车的速度很快。 (한정어)

3. 단어 결합

단어 결합이란 두 개 이상의 단어를 적절한 순서에 따라 배열하거나 허사를 사용하는 등 단어와 단어를 일정한 규칙에 의해 결합한 문법적 단위를 가리킨다.

① 순서 배열에 의한 단어 결합
学习 + 语言 = 学习语言　　语言 + 学习 = 语言学习

② 허사를 사용한 단어 결합
母亲 + 和 + 父亲 = 母亲和父亲　　母亲 + 的 + 父亲 = 母亲的父亲

4. 문장

문장이란 상대적으로 완전한 의미를 나타내며 일정한 어조가 동반되고, 앞뒤에 큰 쉼이 있는 언어의 최소 문법적 단위를 가리킨다.

문장은 단어나 단어 결합으로 이루어진다. 예로 '小妹妹唱歌'는 단어 결합이지만, 어조를 더해 '小妹妹唱歌。'라 하면 하나의 문장이 된다.

또한 한 단어도 일정한 조건에서 문장이 될 수 있다. 예를 들어 갑자기 하늘에 비행기가 떴을 때, '飞机!'라고 하면 비행기가 하늘에서 날고 있음을 나타내므로 하나의 완전한 문장이 될 수 있다.

제 3 장 현대 중국어 품사의 분류

【주요내용】

- 품사의 개념 이해
- 품사의 분류 기준 :

  (1) 단어의 개괄적 의미 (2) 문장론적 기능 (3) 문법적 특성
- 현대 중국어의 품사 분류 :

  (1) 실사와 허사

  (2) 명사, 대명사, 동사, 형용사, 수사, 양사, 부사, 개사, 접속사, 조사, 감탄사, 의성사

제 1 절 현대 중국어 품사의 개념 및 분류 기준

1. 품사의 개념

품사란 단어들을 어휘적 의미의 공통성과 문법적 특성 등에 따라서 나눈 단어의 부류를 일컫는 말이다.

문장을 이루는 각각의 단어들을 나누는 기준은 다양하다.

- 음절 기준 : 단음절사, 이음절사, 다음절사
- 의미 기준 : 단의사, 다의사
- 구조 기준 : 단순사, 복합사

그러나 문법에서의 단어 분류는 단어가 가지는 문법적 특성을 기준으로 하는 품사의 분류를 말한다.

품사 분류의 기준에는 여러 가지가 있을 수 있지만, 현대 중국어의 품사는 주로 단어의 개괄적 의미, 단어 결합에 의한 문법적 특성 및 문장론적 기능 등에 의해 분류할 수 있다.

2. 품사 분류의 기준

1) 단어의 개괄적 의미

개괄적 의미란 각각의 단어가 가지는 어휘적 의미 가운데 공통적인 의미를 한데 모아 포괄하는 것을 말한다.

예를 들어, '人, 牛, 山, 水, 学生, 汽车, 飞机, 卫星…' 등의 단어는 각각 구체적인 어휘적 의미가 사람이나 사물을 가리키는 공통점을 갖고 있다. 이렇게 사람이나 사물을 이름 짓는 단어를 명사라고 한다.

또 '看, 听, 走, 跑, 进行, 学习, 建设, 改善…' 등의 단어 역시도 구체적인 의미를 갖는 동시에 모두 동작이나 행위를 나타낸다는 공통점을 갖고 있다. 이와 같이 동작과 행위를 나타내는 단어를 동사라고 한다.

그리고 '高, 低, 深, 浅, 好, 坏, 清楚, 干净, 雪白…' 등의 단어는 구체적 인 의미 외에 모두 사물의 성질과 형상을 나타낸다는 공통점을 갖고 있다. 이처럼 사물의 성질이나 형상을 나타내는 단어를 형용사라고 한다.

그러나 개괄적 의미만으로 어떤 개별적 단어가 어느 부류에 속하는가를 구별하기 어려운 경우도 있다. 예를 들면 '聪明'과 '智慧' 이 두 단어는 개괄적 의미가 비슷하기 때문에 단지 개괄적 의미의 기준만으로는 품사를 분류하기 어렵다. 따라서 이 기준은 품사 분류의 절대적 기준이라 할 수는 없다.

2) 문장론적 기능

문장론적 기능이란 단어가 문장에서 담당하는 역할을 말한다.

명사는 문장에서 주로 주어나 목적어가 되며, 동사나 형용사는 술어가 된다. 또 한정어가 될 수 있는 단어는 주로 명사나 형용사이며, 상황어가 되는 단어는 주로 부사이다. 그렇다고 동사나 형용사가 주어가 되지 못하며, 형용사가 상황어가 되지 못한다는 말은 아니다.

3) 문법적 특성

한 부류의 단어는 어떤 다른 부류의 단어와 결합하여 문법적 특성을 나타낼 수 있다.

동사나 형용사는 '不'의 수식을 받을 수 있다. 그러나 명사는 그렇지 않다. 형용사는 또한 '很'의 수식을 받을 수 있으며, 동사는 일부 심리활동 동사의 경우에 '很'의 수식을 받을 수 있다.

예를 들어 '聪明', '智慧', '充足', '充分', '充满'은 단어의 개괄적 의미만으로는 품사를 분류하기가 어렵다. 그래서 다른 단어와의 결합 방식을 살펴보면 각각의 품사를 구별해낼 수 있다. 앞에 '很'을 붙여 '很聪明', '很充足', '很充分'이라 할 수 있는 경우의 단어는 형용사이며, '智慧'는 앞에 '很'이나 '不'를 붙일 수 없으므로 명사이다. 또 '充满'은 앞에 '不'를 붙일 수 있으므로 명사가 아니다. 그러나 '充满' 앞에 '很'을 붙일 수 없으므로 동사이다.

[참고]

어떤 단어는 개괄적 의미만으로도 그 단어가 어느 품사에 속하는가를 알 수 있다. 예로 '爸爸看报'에서 '爸爸'와 '报'는 사람과 사물을 나타내므로 명사이며, '看'은 동작을 나타내므로 동사이다. 반면, 어떤 단어는 단어의 결합에 의한 문법적 특성으로 품사를 알 수 있다. 예로 '我们收到了一封信'에서 '信'은 앞에 수량사 '一封'이 붙어서 명사이며, '来'는 뒤에 '了'가 붙어서 동사이다.

품사를 분류하는 기준은 서로 대립하면서도 통일된다. 한 개 단어가 개괄적 의미에서 명사적 특징을 가지고 있다면, 문법적 특성과 문장론적 기능에서도 명사적 특징을 가져야 한다. 그러나 이상의 기준이 품사분류를 위한 절대적인 기준은 아니다.

제 2 절 현대 중국어의 품사 분류

현대 중국어의 단어는 문장에서의 특성에 따라 크게 '실사'와 '허사'로 나눌 수 있으며, 품사 분류 기준에 근거하여 세분화하면 명사, 대명사, 동사, 형용사, 수사, 양사, 부사, 개사, 접속사, 조사, 감탄사, 의성사로 나눌 수 있다.

1. 실사

실사에 해당되는 단어 부류는 의미가 비교적 실제적이고, 단독으로 문장의 한 성분이 될 수 있으며, 단독 사용이 가능한 단어를 말한다.

명사, 대명사, 동사, 형용사, 수사, 양사는 대부분 이러한 특성을 갖고 있어서 실사로 분류할 수 있다.

2. 허사

허사에 해당되는 단어 분류는 의미가 실제적이지 못해서 단독으로 문장 성분이 되지 못하며, 단독 사용이 어려운 단어를 말한다. 이는 주로 문장 내에서 실사를 도와 문장을 완성시키고 어기를 잘 전달하게 하는 보조적 기능을 갖고 있다. **부사, 개사, 접속사, 조사, 감탄사, 의성사**가 이에 속한다.

제4장 품사

제1절 명사

【주요내용】

- 명사의 정의
- 명사의 종류 :

  1) 보통명사 2) 고유명사 3) 시간명사 4) 장소명사 5) 방위명사
- 명사의 특징

1. 명사란 무엇인가?

명사란 사람, 사물, 시간, 장소, 방위 등을 나타내는 단어들의 부류이다. 명사는 다른 품사에 비해서 수량이 많고, 시대가 변함에 따라서 생성과 소멸이 비교적 빈번하게 발생한다.

2. 명사의 종류

명사는 문법적 특성에 따라서 **"보통명사"**, **"고유명사"**, **"시간명사"**, **"장소명사"**, **"방위명사"** 등으로 나눌 수 있다.

1) 보통명사

보통명사란 같은 종류의 사람이나 사물을 공통적으로 일컫는 단어들로, 가장 대표적인 명사의 한 부류이다.

인칭명사	学生 农民 妇女 军人 老师 科学家 工程师 …… 등
물질명사	机器 粮食 头发 书 粉笔 黑板 飞机 商店 …… 등
추상명사	爱情 政策 精神 原则 方法 理论 真理 哲学 …… 등
집단명사	物件 车辆 花朵 纸张 船只 书籍 人口 衣物 …… 등

2) 고유명사

고유명사란 특정한 사물이나 사람, 장소에 대해 특유한 이름을 나타내는 단어들의 부류이다.

예) 太阳, 土星, 红楼梦, 朝鲜日报, 刘备, 孔子, 釜山 …… 등

3) 시간명사

시간명사는 시간을 나타내는 단어들의 부류이다. 시간명사는 또한 시점명사(어느 한 때)와 시단명사(시간의 길이)로 나눈다.

시점명사 (어떤 정해진 시점)	去年 今年 明年 前天 昨天 今天 明天 后天 清明 元旦 正月 春节 中秋 …… 등
시단명사 (시간의 길이)	五年 八年 三个月 两周 一星期 一天 七个小时 十分钟 暂时 片刻 …… 등

4) 장소명사

장소명사란 장소를 나타내는 단어들의 부류이다. 장소명사는 보통장소명사와 고유장소명사로 나눈다.

보통장소명사	学校 工厂 农村 城市 图书馆 邮局 河道…… 등
고유장소명사	北京 泰山 黄河 天安门 南京路 欧洲 太平洋…… 등

5) 방위명사

방위명사란 방향과 위치를 나타내는 단어를 말한다. 방위명사는 형태에 따라 단순방위명사와 합성방위명사로 나눈다.

단순방위명사	上 下 前 后 东 西 南 北 左 右 里 外 中 内 间 旁… 등
합성방위명사	以上 之下 前边 后边 左边 里头 左右 当中 中间 前后… 등

◉ 방위명사의 구성방식

구성	"以", "之"	+	단순방위명사	=	합성방위명사
	단순방위명사	+	"边", "前", "头"	=	합성방위명사

방위명사							
단순방위명사대칭	단순방위명사	합성방위명사					
		以~	之~	~边	~面	~头	기타
上下	上	以上	之上	上边	上面	上头	
	下	以下	之下	下边	下面	下头	底下
前后	前	以前	之前	前边	前面	前头	面前
	后	以后	之后	后边	后面	后头	
	东	以东	之东	东边	东面	东头	
	西	以西	之西	西边	西面	西头	
	南	以南	之南	南边	南面	南头	
	北	以北	之北	北边	北面	北头	
左右	左			左边	左面		
	右			右边	右面		
里外	里			里边	里面	里头	
	外	以外	之外	外边	外面	外头	
	中		之中				当中 其中
内外	内	以内	之内				
	间		之间				中间
	旁			旁边			一边 一旁

3. 명사의 특징

1) 보통명사와 고유명사의 특징

(1) 보통명사는 일반적으로 수량사의 수식을 받을 수 있다.

예) 一个人, 两张纸, 三辆汽车, 一头牛, 一种感情, 一场比赛

그러나 의미상 두 가지 다른 사물의 조합을 나타내는 복합명사의 경우에는 그 앞에 전문 양사를 쓰거나, 명사 뒤에 수량사를 쓰기도 한다.

① 大力提倡一个夫妇只生一个孩子。(×)
→ 大力提倡一对夫妇只生一个孩子。
② 老两口跟前只有两个儿女。(×)
→ 老两口跟前只有儿女两个。(또는 '一男一女'로 표현)
③ 五十人师生编成一个小组参加植树劳动。(×)
→ 师生五十人编成一个小组参加植树劳动。

고유 명사는 수사 '一' 이외의 다른 수량사의 수식을 받지 않는다.

① 中国有一个北京, 北京有一座万寿山。
② 东北有一条松花江。

(2) 사람을 나타내는 보통명사 뒤에 '们'을 붙여서 '人们', '朋友们', '老师们', 등과 같이 복수를 나타낼 수 있다.

만약 명사 앞에 한정된 수량사가 오면 '们'을 쓰지 않지만, '许多, 好些, 这些, 那些, 某些, 有些' 등처럼 대략적인 수량을 나타내는 단어가 쓰이면 명사 뒤에 '们'을 쓸 수도 있다.

① 我们系新来了六十个新生们。(×)
② 由十一个学生们组成一个足球队。(×)
③ 好些孩子们在空地上踢着球玩。
④ 他受到了许多观众们的欢迎。

한국어에서는 동물과 사물 명사 뒤에 접미사 '들'을 붙여서 복수를 나타낼 수 있지만, 중국어에서 '们'은 주로 인칭 명사와 대명사 뒤에만 붙어서 복수를 나타낸다.

예) '새들이 지저귄다.' ⇒ '鸟们' (×)
'단어들의 용법을 알아야 한다.' ⇒ '词汇们' (×)

그러나 중국 문학작품에서는 간혹 동물이나 사물을 의인화하여 명사 뒤에 '们'을 쓰기도 있다.

① 小耗子们抢着说 : "我们快到那边去"。
② 月亮刚出来, 满天的星星们眨着眼睛。

(3) 보통명사와 고유명사는 직접 부사의 수식을 받지 못한다. 따라서 '不工人'、'非常智慧'、'又理论'이라 할 수 없다.

① 听说见看杂技表演, 孩子们非常兴趣。(×)
명사

→听设见看杂技表演, 孩子们非常高兴。
형용사

> **[참고]**
> '不道德、不文明、不民主、不太标准、太封建、很理想、很精神、很经济 등의 표현은 일부 추상 명사가 문장에서 형용사처럼 사용된 경우로, 이 경우에는 명사가 부사 '不'와 '很'의 수식을 받을 수도 있다.

(4) 명사는 일반적으로 중첩하여 쓰지 않는다.

단, 양사의 성질을 겸하고 있는 '人, 家, 户, 门, 年, 月, 天' 등의 일부 단음절 명사는 '人人, 家家, 户户, 门门, 年年, 月月, 天天'으로 중첩하여 '~마다'라는 뜻을 나타낸다.

2) 시간명사의 특징

시간명사는 '시점명사'와 '시단명사'로 나눌 수 있다.
어떤 정해진 시점을 나타내는 시점명사는 주로 동사 앞에 쓰여 동작이 발생한 시간을 나타낸다.

예) '一月来了', '他今天离开'

동작이나 행위에 소요된 시간의 길이를 나타내는 시단명사의 경우는 기본적으로 동사 뒤에 쓰인다.

예) '来了一个月了', '等了五分钟'

그러나 시단명사라도 부정문이나 동사 뒤에 보어가 있는 문장에서는 동사의 앞으로 그 위치를 옮기게 된다.

① 这本书我看了三天了。 → 这本书我三天看完。

⇨ 三天은 시단명사이지만, 동사 뒤에 보어 完이 사용되어 동사 앞에 위치

② 我来了两年了。→ 我两年没有来。(부정문) → 我没有来两年。 (×)

3) 장소명사의 특징

장소 명사는 **고유장소명사**와 **단순장소명사**로 나눌 수 있다.

(1) 고유장소명사 뒤에는 방위명사를 쓰지 않으며, 보통장소명사 뒤에는 방위명사를 써도 되고 쓰지 않아도 된다.

① 我刚从中国回来。 → 我刚从中国里回来。(×)
② 全国科技交流会在北京召开。 → 全国科技交流会在北京里召开。(×)
③ 弟弟在中国留学。 → 弟弟在中国里留学。(×)
④ 弟弟在教室上课。 → 弟弟在教室里上课。
⑤ 我的哥哥在公司工作。 → 我的哥哥在公司里工作。
⑥ 姐姐在图书馆准备考试。 → 姐姐在图书馆里准备考试。

(2) 비장소명사가 장소의 의미로 쓸 때 뒤에 반드시 방위명사를 써야한다.

예를 들어, '의자에 앉다'는 말은 중국어로 '坐在椅子上'이라 한다. 물질명사 '椅子' 앞에 '在'가 쓰여 장소를 나타내므로 뒤에 방위명사 '上'을 쓰면 명확한 장소의 의미를 나타낸다. 이때, 한국어로 '의자 위에 앉다'라고 번역할 필요는 없다.

① 把那本书放在桌子上。 → 把那本书放在桌子。(×)
② 在我这儿有很多中文书。 → 在我有很多中文书。(×)
③ 你到妈妈那儿去。 → 你到妈妈去。(×)

4) 방위명사의 특징

(1) 보통명사, 시간명사 및 장소명사 뒤에 단순방위명사 또는 합성방위명사를 사용하여 시간이나 장소를 나타낼 수 있다.

早上, 午后, 饭前, 夜里 (시간명사 + 단순방위명사)
树上, 地下, 郊外, 门前 (장소명사 + 단순방위명사)
十年之内, 解放以前, 去北京以后, 开学前后 (시간명사 + 합성방위명사)
汉江以北, 校内外, 北京和天津之间 (장소명사 + 합성방위명사)

(2) 보통명사가 장소를 나타낼 때에는 반드시 뒤에 방위명사를 써야 한다.

① 他在黑板上写字。
　→ 他在黑板写字。(×)
② 他在报纸上发表了一篇文章。
　→ 他在报纸发表了一篇文章。(×)

(3) 고유명사가 장소를 나타낼 때에는 단순방위명사를 쓸 수도 있고, 쓰지 않을 수도 있다.
① 我在≪天池≫上发表了一篇评论文章。
　→ 我在≪天池≫发表了一篇评论文章。

또한 방위명사는 어떤 방면, 범위, 조건, 상황, 과정, 상태 등의 의미를 나타내기도 한다.

① 虽然对方在数量上占了优势, 但还是被我们打败了。(방면)
② 我们同学里有姓秦的。(범위)
③ 在朋友的帮助下, 他进步很快。(조건)
④ 讨论中发现了一些新问题。(과정)
⑤ 比赛在进行中。(상태)

제2절 동사

【주요내용】
- 동사의 정의
- 동사의 종류와 특징 :
  1) 동작동사 2) 발전변화동사 3) 심리활동동사 4) 사역동사
  5) 존재동사 6) 판단동사 7) 능원동사(조동사) 8) 방향동사
- 상용동사의 구별 :
  상용 '능원동사' 및 '방향동사'의 구별

1. 동사란 무엇인가?

동사란 사람이나 사물의 동작이나 행위, 발전변화, 심리활동, 존재, 판단, 가능, 방향 등을 나타내는 단어들의 부류이다.

모든 언어에서 동사는 다른 품사에 비해 그 수가 많고 복잡하므로 동사에 대한 분류 또한 다양한 양상을 나타낸다. 예로, 중국어에서 '보다'라는 의미를 나타내는 단어는 수백 개에 이르며, 이들은 또한 의미상 · 용법상 미세한 차이를 갖고 있다. '打'라는 동사가 갖는 뜻만 해도 무려 30여 가지나 된다. 그리고 동사는 문법적 형태도 매우 다양하므로 동사 용법에 대한 이해와 활용은 중국어 학습에 있어 매우 중요하다 할 수 있다.

2. 동사의 종류와 특징

동사는 분류 기준에 따라 여러 가지로 나눌 수 있다. 다음은 그 가운데 동사 자

체의 의미 및 문장 내에서 단어와의 결합 관계에 따라 나눈 분류이다.

1) 동작동사

동작동사란 사람과 동물의 동작이나 행위 또는 물체의 움직임을 나타내는 동사를 말하며, 대다수의 동사가 이에 속한다.

예) 看, 说, 走, 跑, 听, 唱, 跳, 读, 写, 吃, 打, 穿, 踢, 学习, 活动, 生产, 研究, 拥护, 斗争, 爬行, 讨论, 打扫, 选举 …… 등

◉ 동작동사의 특징

(1) 일반 부사의 수식을 받을 수 있으나, 정도부사의 수식은 받을 수 없다. 따라서 '很吃', '非常学习', '十分打扫'라고 하지는 않는다.

① 已经通知他一次, 但还没有来。
② 你再说他也不相信。

[참고]
'很讲道理'나 '很解决问题'의 표현에서 마치 정도부사 '很'이 각각 동사 '讲'과 '解决'를 수식하는 것 같지만, 사실은 '很'이 '동사+목적어' 로 구성된 '讲道理'나 '解决问题'를 수식하고 있는 것이다. 이때 뒤에 붙은 명사 '道理', '问题'를 없애고 '很讲', '很解决'로 사용할 수는 없다.

(2) 동작동사 뒤에는 일반적으로 시제조사 '了', '着', '过'가 쓰여 동작의 완료, 진행 및 상태의 지속, 동시동작, 과거 경험 등을 나타낸다.

① 会议已经结束了。(완료)

② 雪正下着呢。(진행)

③ 他穿着一件白色衣服。(지속)

④ 走着路唱歌。(동시동작)

⑤ 她曾经结过婚。(과거 경험)

그러나 모든 동작동사가 다 시제조사를 갖는 것은 아니며, 아래의 경우 시제조사 '着'를 쓸 수 없다.

① 동작동사 자체가 이미 지속의 의미를 나타내는 경우

예) '合作', '帮助'

⇨ 위의 동작동사는 '合作着', '帮助着' 라고 하지 않는다.

② 지속의 의미를 나타내지 못하고 단발성으로 끝나는 동사의 부류

예) '死', '丢', '倒', '通过', '结束', '批准' 등

⇨ 위의 동작동사 역시도 '死着', '丢着', '倒着', '通过着', '结束着', '批准着' 라고 하지 않는다.

(3) 동작동사는 중첩하여 쓸 수 있다. 동사가 중첩되면 동작・행위의 반복, 시도, 시범의 의미를 나타내며 '해보다(자)'라는 뜻을 가진다.

단음절 동작동사 중첩 형식	<기본 형식> 'AA' 예) '看看', '问问', 试试, '等等' <변형형식>

	‘A一A’ 예) 看一看 ‘A了A’ 예) 看了看 ‘A了一A’ 예) 看了一看
이음절 동작동사 중첩 형식	<기본 형식> ‘ABAB’ 예) ‘学习学习, ‘讨论讨论’, ‘研究研究’, ‘商量商量’ <변형 형식> ‘AB了AB 예) 学习了学习 ※ 이음절 동작동사는 중간에 ‘一’를 쓰지 않는다.

그러나 모든 동작동사가 다 중첩될 수 있는 것은 아니며, 아래의 경우 중첩시키지 않는다.

① 동작동사 자체가 결과의 의미를 나타내는 경우

예) 获得, 取得, 推翻, 打倒, 打败, 成功, 胜利, 决定, 夺取 등

② 한 차례의 동작으로 완료를 나타내는 동사의 부류

예) 死, 活, 病, 伤, 忌, 懂, 剩, 掉, 丢, 产生, 出发, 发生, 生长, 允许, 牺牲, 采取, 崩溃, 倒塌 등

위의 동작동사는 동작이 중복되거나 지속될 수 없기 때문에 중첩시키지 않는다.

또한 중첩할 수 있는 동사라도 일정한 상황과 문맥에서만 중첩되며, ‘해보다’는 뜻이 없는 문장이나, 한 번의 동작으로 끝나는 문장에서는 중첩되지 않는다.

① 你说这双布鞋小，**穿穿**就会大。(반복적인 동작)
② 你**穿穿**这双布鞋，看穿得上穿不上。(해보다)
③ 你等我**穿**大衣，咱们就走。(한 번의 동작)
→ 你等我**穿穿**大衣，咱们就走。(×)

2) 발전변화동사

발전변화동사란 어떤 대상이 다른 상태로 발전하거나 변화함을 묘사하는 동사를 말한다. 즉 '~해지다', '~하게 되다'는 뜻으로 결과를 나타낸다.

예) 变，长，增，降，转，胖，发展，增加，增长，提高，变化，演化，降低，变成，转变，缩小，缩短 …… 등

◉ 발전변화 동사의 특징

(1) 발전변화 동사는 뒤에 흔히 '到', '为', 혹은 '成'이 쓰여 대상의 발전이나 변화의 결과를 나타낸다. 따라서 '~만큼' 변화・발전된 것이 아니라, '~으로' 변화・발전되었음을 뜻한다.

① 我们系去年的新生是70名，今年<u>增加到(为)</u>一百名。
② 事情已经<u>发展到</u>不可收拾的地步。
③ 香蕉产量由一万箱<u>增为</u>一万五千箱。
④ 人类绝对不会再<u>退化到</u>原始社会去。

(2) 발전변화 동사 뒤에는 일반적으로 시제조사 '了'가 쓰이며, '着', '过'는 쓰이지 않는다.

① 通过学习和教育, 我们提高了师资。
② 产量增加了两倍, 工作时间降低了一半。

3) 심리활동동사

심리활동동사란 심리 상태를 묘사하는 동사를 말한다.

예) 爱, 恨, 怕, 想, 憎恨, 害怕, 想念, 讨厌, 厌恶, 喜欢, 喜爱, 埋怨, 害羞, 佩服, 希望, 失望, 后悔, 感觉, 认识, 觉得, 疼爱, 知道, 着急 …… 등

◉ 심리활동 동사의 특징

(1) 심리활동 동사는 다른 동사와 달리 정도부사의 수식을 받을 수 있다.

① 他很爱他的女儿。
② 我最喜欢韩国的秋天。
③ 想你想你好想你。
④ 她非常讨厌那种男人。

(2) '爱', '想' 이외의 심리활동 동사는 시제조사 '着', '过'를 갖지 못한다.

① 她深深地爱着自己的男朋友。
② 他曾经爱过一个女人。
③ 海外同胞日夜爱着祖国。(×)
④ 我们都爱着父母。(×)

'爱'는 변할 수 있는 사랑, 주로 남녀 간의 사랑을 표현할 경우 '着'나 '过'를 쓸 수 있고, ③과 ④처럼 조국애나 친족 간의 영구불변적인 사랑을 표현할 경우에는 쓰지 않는다.

4) 사역동사

사역동사란 대상으로 하여금 어떤 행동이나 행위를 하게 하는(시키는) 동사의 한 부류이다.

예) 使, 让, 叫, 派, 令, 请, 逼, 使得, 强迫, 命令 …… 등

◉ 사역동사의 기본구조

(주어)	+	사역동사	+	대상	+	동사	+	(목적어)
他	+	让	+	我	+	去买	+	东西

◉ 사역동사의 특징

(1) 사역동사 뒤에는 시제조사 '着', '了', '过'가 쓰이지 않는다. 시제조사가 쓰이면 사역동사가 아니다.

① 他的技术**使**我佩服.。(사역동사)
② 惊讶地叫了一声。(동작동사)
③ 请稍等, **让**我仔细想一想。(사역동사)
④ 妹妹还小嘛, 让着他点儿吧。(동작동사)
⑤ **命令**他们搬到别的地方去。(사역동사)
⑥ 这次郊游**使得**学生之间的友谊 更加密切了。(사역동사)

(2) 사역동사는 중첩할 수 없다. 중첩되면 사역동사가 아니라 동작동사이다.

① 要拍照片, 大家让一让。(동작동사)
② 你的笔让我使使。(동작동사)

(3) 부정문인 경우 부정사는 사역동사 앞에 쓰인다.

예) 妈妈不让我出去玩。 → 妈妈让我不出去玩。(×)

5) 존재동사

존재동사란 대상의 존재 여부를 나타내는 동사로 '어디에 무엇이 있다' 또는 '무엇이 어디에 있다'는 의미로 쓰인다.

예) 在, 存在, 有(没有), 是

◉ 존재동사의 특징

(1) 존재동사 '有', '存在'는 앞에 '장소'나 '방면'을 나타내는 단어나 단어결합이 오고, 존재동사 '在'는 뒤에 '장소'를 나타내는 단어나 단어결합이 온다. 또 '有'는 소유를 나타내기도 하나, **'장소+有+대상'**의 구조인 경우는 존재를 나타낸다.

① 树上有两只小鸟。
② 他在精神上存在着不少问题。
③ 甲鱼在沙滩上。

④ 小妹存在不少缺点, 希望多多帮她忙。(×)

예문 ④에서 '存在' 앞에 보통명사가 쓰였기 때문에 바른 문장이라 할 수 없다. 그러므로 '小妹'를 장소화 시켜 '小妹身上'이라 하든지 '存在'를 '有'로 바꾸어 소유를 나타내야 한다. '我有两本书'에서 '有'는 존재가 아니라 소유를 나타내는 동사이다.

(2) '是'는 장소와 장소 사이에 쓰이면 존재를 나타내며, '有'로 바꾸어 쓸 수 있다.

① 学校对面是工场。 → 学校对面有工场。
② 门前是一条河。 → 门前有一条河。
③ 眼前是一望无际的草原。 → 眼前有一望无际的草原。

6) 판단동사

판단동사란 대상에 대한 판단, 확인, 강조 등을 나타내는 동사의 한 부류로 'A는 B이다'의 형식을 표현하는데 쓰인다. 대부분 명사와 명사간의 관계를 판단하며, 때로 동사나 형용사를 강조하기 위해 쓰이기도 한다.

① 他是我校的学生。 (판단)
② 他是"非常喜欢你!" (강조)

◉ 판단동사의 특징

(1) '是'는 A와 B 두 대상을 연결시켜 판단을 나타낸다.

따라서 A는 B일 수 있는 동시에, B가 A일 수도 있다. 주어와 목적어가 동일한 대상일 때, 이 주어와 목적어의 위치를 서로 바꾸면, 그 뜻은 같지만 강조하는 의미적 색채는 달라진다.

① ≪骆驼祥子≫的作者**是**老舍。 → 老舍**是** ≪骆驼祥子≫的作者。
② 我最尊敬的人物就**是**李舜臣。 → 李舜臣就**是**我最尊敬的人物。
③ 半斤**是**八两。 → 八两**是**半斤。

(2) 위의 예시는 A가 B를 가리키지만, 또 어떤 경우에 B는 A가 아닐 수도 있다.

① 他哥哥**是**军人。 → 军人**是**他哥哥。(×)
② 小说**是**文艺作品。 → 文艺作品**是**小说。(×)

7) 능원동사 (조동사)

능원동사란 일반 동사나 형용사 앞에 쓰여 가능, 필요, 응당, 소원, 평가 등을 나타내는 동사의 한 부류로, 본동사 앞에서 보조적인 역할을 하므로 한국어에서는 보통 '**조동사**'라고 부른다.

가능, 능력, 허가	能 能够 可以 会
필요	要 得(dei)
당위	应 应当 应该 该
소원	要 想 愿 愿意 情愿
의지	肯
용기	敢
평가	值得 配

◉ 능원동사의 특징

(1) 대부분의 능원동사는 단독으로 술어가 될 수 있으며, 일정한 물음에 대한 대답으로 쓸 수 있다.

① 这本书送给他也可以吗？ 可以。
② 你敢吃狗肉吗？ 我敢。

(2) 본동사에 우선하여 정반 의문을 나타낸다.

① 你<u>能不能</u>回答我提出的问题？
② 你<u>要不要</u>去中国？

(3) 능원동사를 갖는 문장은 시제조사 '着, 了, 过'를 같이 쓸 수 없다.

능원동사는 시제가 미래형이므로 지속이나 과거를 나타내는 시제조사와는 어울릴 수가 없기 때문이다.

① 这个凳子**能**坐**着**五个人。(×)
② 他**要**了解**了**你的情况。 (×)

◉ 상용 능원동사의 구별

(1) 能, 能够, 可以, 会

'能', '能够', '可以', '会'는 동작의 **가능**과 **능력**, **허가**를 나타내며, '할 수 있다', '할 줄 안다', '해도 된다'의 의미를 나타낸다.

• 能과 可以

<table>
<tr><td rowspan="3">能, 可以</td><td>‘能’은 주로 ‘능력’을 나타내어 ‘할 수 있다’로 쓰이며, ‘可以’는 주로 ‘가능’과 ‘허가’를 나타내어 ‘할 수 있다’, ‘해도 된다’의 뜻으로 쓰인다.
① 蜂王能活三年, 工蜂至多也活半年。 (능력)
② 过前面的上坡就可以看到我们学校了。(가능)
③ 在吸烟区内可以抽烟。(허가)</td></tr>
<tr><td>‘能’은 어떤 상황이나 조건상 가능한 것을 나타내는데 쓸 수 있으나, ‘可以’는 그렇지 않다.
① 他能来吗？ → 下这么大雨, 他能来吗？
② 他可以来吗？ → 下这么大,雨, 他可以来吗？(×)
③ 能上课吗？ → 教室这么冷, 还能上课吗？
④ 可以上课吗？ → 教室这么冷, 还可以上课吗？(×)

위의 예문처럼 어떤 상황이나 조건이 제시되지 않았을 때에는 둘 다 가능하지만, 상황・조건이 제시되었을 때는 ‘能’을 쓰고 ‘可以’는 쓰지 않는다.</td></tr>
<tr><td>‘可以’는 때로 ‘능력’을 나타내지만, ‘能’보다는 긍정의 뜻이 약하며 ‘가능’이나 ‘허가’의 뜻이 강하다.
① 他一顿可以(能)吃四大碗。(능력)
② 他一次可以(能)挑一百斤。(능력)

그러나 어떤 일에 아주 익숙하고 능함을 나타낼 때는 ‘能’을 쓸 수 있지만, ‘可以’는 쓰지 못한다.
예) 他很能喝酒。 → 他很可以喝酒。(×)</td></tr>
</table>

• 能과 会

<table>
<tr><td rowspan="2">能, 会</td><td>'能'과 '会'는 '가능'과 '능력'을 나타낸다. 그러나 이 둘은 의미상, 용법상 차이가 있다.

'能' :
(1) '할 수 있다', '능하다'는 뜻이다.
(2) 선천적으로 부여받았거나 이미 능력을 소유하고 있음을 나타냄.
(3) 상황과 조건에 의해 가능한 경우에 쓸 수 있다.

'会' :
(1) '할 줄 안다'는 뜻이다.
(2) 후천적인 학습과 연습, 경험 등을 통해 터득한 능력을 나타냄.
(3) 미래에 대한 추측을 나타낼 수 있다.</td></tr>
<tr><td>**예시 비교 (1)**
① 他能走动。(그는 걸을 수 있다) → 他的腿好了, 能走动。
② 他会走动。(그는 걸을 줄 안다) → 他的腿好了, 会走动。(×)
③ 他一天能走十公里。(그는 하루에 10킬로미터를 걸을 수 있다)
→ 他一天会走十公里。 (×)

예시 비교 (2)
① 他能说汉语。 (그는 중국어를 할 수 있다)
② 他会说汉语。 (그는 중국어를 할 줄 안다)
③ 他能开拖拉机。(그는 트랙터를 몰 수 있다)
④ 他会开拖拉机。(그는 트랙터를 몰 줄 안다)

예시 비교 (3)
① 下这么大雨, 他能来吗 ? (가능)
② 天气这么好, 能去健行。(가능)
③ 这样下去, 你会犯错误的。(추측)
④ 早晨有雾, 今天会晴。 (추측)</td></tr>
</table>

(2) 应, 应当, 应该, 该

모두 '마땅히 ~해야 한다'는 뜻이다. '应'은 문어체에 주로 쓰이며, '应当', '应该', '该'는 구어체에 많이 쓰인다.

① 所有国家的文化应有自己的形式, 这就是民族形式。
② 说话, 写文章都应当(应该)简明扼要。
③ 自己的事情应该(应当)自己去办。

'应当'과 '应该'는 기본적으로 그 뜻이 같다고 할 수 있다. 그러나 용법상 약간의 차이가 있는데, '应该'는 '应该的', '不应该', '很不应该'와 같이 대답이나 단독 문구로 사용할 수 있지만, '应当'은 그렇지 못하다.

(3) 肯, 敢

'肯'은 '기꺼이 하겠다'는 의지를, '敢'은 '감히 ~하다'는 의미를 나타낸다.

① 只要你肯下功夫, 总可以学会的。
② 我请他来, 他怎么也不肯来。
③ 你敢打我!
④ 有些中国人不敢吃韩国的辣菜。

(4) 值得, 配

'值得'는 '~할 가치가 있다'는 뜻을 나타내며, '配'는 '~할 자격이 있다'는 뜻을 나타낸다.

① 这种刻苦鉆研的精神, **值得**我们学习。

→ 这种刻苦鉆研的精神, 我们**值得**学习。(×)

② 他提出的问题, **值得**我们考虑。

→ 他提出的问题, 我们**值得**考虑。(×)

③ 你不**配**做我的朋友。

'值得'의 대상은 앞에 놓인다. 예문 ①에서 '值得学习'의 대상은 '这种刻苦鉆研的精神'으로서 '值得' 앞에 놓였다. 이 경우 주어(我们)는 '值得' 뒤에 놓인다는 것에 주의해야 한다.

8) 방향동사

방향동사란 동작이나 상태의 진행, 전개 방향을 나타내는 동사의 한 부류로 동사 뒤에 위치한다. 예로, '进来(들어오다)'라 했을 경우는 사람(화자)이 안에 있음을 나타내고, '进去(들어가다)'는 사람(화자)이 밖에 있음을 나타낸다. 아래의 단순방향동사 가운데 '来'와 '去'는 단독으로 사용이 가능하지만, 나머지는 그렇지 않다.

방향동사									
단순 방향 동사	上	下	进	出	回	过	开	起	
来	上来	下来	进来	出来	回来	过来	开来	起来	복합 방향 동사
去	上去	下去	进去	出去	回去	过去	开去	--	

◉ 방향동사의 특징

(1) 방향동사는 주로 동사나 형용사 뒤에 쓰여 시작, 진행, 지속, 완료, 대략, 상

태의 변화 등을 나타낸다. 이때 경성으로 읽는다.

① 外面下起雨来。(시작)
② 说起来容易, 做起来很难。(시도)
③ 所有参加马拉松的人都坚持下来。(지속)
④ 只要适当控制饮食加上足量运动就可以瘦下来。(변화)

이음절 방향동사 앞에 본동사가 없으면 앞의 방향동사가 본동사가 된다. 예를 들어 '飞下来' 에서는 '飞 (본동사) + 下来 (방향동사)' 로 구성 되며, '下来' 에서는 '下 (본동사) + 来 (방향동사)'가 된다.

(2) 동작동사와 방향동사와의 사이에 '得'가 쓰이면 '가능'을, '不'가 쓰이면 '불가능'을 나타낸다.

		(가능)		(불가능)
坐下	-----	坐得下	-----	坐不下
传过来	-----	传得过来	-----	传不过来
爬上去	-----	爬得上去	-----	爬不上去

① 这条河太深, 过不去。
② 这条河太宽, 跳过不去。(×)

(3) 방향동사를 갖는 본동사가 목적어를 가질 경우는 목적어의 위치에 따라 동작의 상태가 달라질 수 있다.

목적어가 방향동사 뒤에 쓰이면 동작이 완료된 상태를 나타낼 수 있고, 목적어가 동사와 방향동사 사이에 쓰이면 완료되지 않은 상태를 나타낼 수 있다.

본동사 + 방향동사 + 목적어 : 완료된 상태
본동사 + 목적어 + 방향동사 : 완료되지 않은 상태

① 他给我们送来苹果。 (완료된 상태)
② 昨天他给我们送来苹果。 (과거에 완료된 상태)
③ 明天他给我们送来苹果。 (미래에 완료된 상태)
④ 他给我们送苹果来。 (완료되지 않은 상태)
⑤ 明天他给我们送苹果来。 (완료되지 않은 상태)

단, 장소를 나타내는 말이 목적어로 쓰이면 시제와 관계없이 목적어는 항상 본동사와 방향동사 사이에 놓인다.

① 他早就回家来了。
② 我要回家去。
③ 他走进教室来。 → 他走进来教室。(×)

(4) 복합방향동사에서 본동사가 목적어를 가지면 목적어는 복합방향동사 사이에 놓인다.

① 下起雨来。
② 唱起歌来。
③ 拿过鸡蛋来。

◉ 상용 방향동사의 구별

(1) 단순방향동사

来, 去	'来', '去'는 동작동사로 쓰이면 '오다', '가다'의 뜻이 되지만, 방향동사로 쓰이면 어느 쪽으로 향한다는 뜻을 나타낸다. 이때 화자를 중심으로 가까운 방향으로 이동하면 '来'를 쓰고, 멀어지는 방향으로 이동하면 '去'를 쓴다. ① 他从楼上下来了。 ② 他从楼上下去了。 ③ 他从外面走进来。 ④ 他从外面走进去。
上	기본적으로 진행방향이 위로 향하는데 쓰이며, 그 의미가 확대되어 어떤 기점을 중심으로 접근, 닫힌 상태, 부착, 고정, 첨가, 감정의 변화를 나타낸다. 접근 : 追上, 赶上 등 닫힌 상태 : 闭上, 关上 등 부착 · 고정 : 种上, 装上, 接上, 贴上, 插上 등 첨가 : 算上, 加上 등 감정의 변화 : 喜欢上, 看上, 爱上
下	기본적으로 진행방향이 아래로 향하는데 쓰이고, 그 의미가 확대되어 남기다, 분리 및 이탈, 수용공간의 의미로도 쓰인다. 남기다 : 留下, 剩下, 写下, 记下 등 분리 · 이탈 : 脱下, 摘下, 拔下 등 수용공간 : 装下, 坐下, 吃下, 喝下 등
出	진행방향이 안에서 밖으로 향하며, 그 의미가 확대되어 안에 있는 것이 밖이나 겉으로 드러나는 경우에도 쓰인다. ① 我们走出这个平凡的世界。 ② 说出自己的心愿。 ③ 流露出很失望的神色。
过	방향동사 '过'는 경과, 통과, 초과 등의 의미를 나타낸다. 경과, 통과, 초과 : 走过, 飞过, 穿过, 睡过, 使过

起	동작이 낮은데서 높은 곳으로 진행됨을 나타내는 것은 '上'과 같으나 '上'은 장소를 목적어로 가질 수 있는 반면 '起'는 장소를 목적어로 가질 수 없다. 또 기본적인 의미가 확대되어 어떤 사물이나 사건의 출현, 발생을 나타내기도 한다. ① 突然响起了一片钟声。 ② 黑暗里亮起一道闪电。
开	분리・이탈을 나타내며, 어떤 사물이나 물체 간에 거리나 간격이 생김을 나타낸다. 分开, 离开, 走开, 滚开, 剥开, 推开, 打开 등

(2) 복합방향동사

起来	동작이나 상황의 시작과 지속, 분산에서 집중, 시도, 평가, 요량 등을 나타낸다. 시작과 지속 : 哭起来, 冷起来, 好起来, 暖和起来, 唱起来 등 분산에서 집중 : 团结起来, 包起来, 连接起来, 合起来 등 시도, 평가, 요량 : 看起来, 听起来, 量起来, 称起来, 摸起来 등
下去	높은 곳에서 낮은 곳으로 진행됨을 나타내며, 이미 진행되어 왔던 동작이 계속 진행되어 나감을 나타내기도 한다. ① 这样做下去, 大概七天内就能完成。 ② 没有空气, 人就活不下去。 ③ 我们的文化遗产应该一直传下去。
下来	기본적으로는 '下'와 같으나, 과거부터 현재까지라는 의미를 가지며, 형용사 뒤에서 상태의 변화나 발전을 나타낸다. 과거부터 현재 : 传下来, 继承下来, 发展下来, 变下来 등 변화・발전 : 瘦下来, 平定下来, 安静下来, 软下来, 松下来 등

出来	안에서 밖으로 진행됨을 나타내며, 은폐에서 노출됨을 나타내기도 한다. 안에서 밖 또는 노출 : 独立出来, 研究出来, 想出来, 说出来, 猜出来 등
过来	동작이나 사물이 화자의 방향으로 이동함을 나타내며, 또는 원래의 모습이나 정상적인 상태로 회복됨을 나타내기도 한다. 이동 : 回头过来, 转过来, 接过来 등 회복 : 改过来, 纠正过来, 醒过来, 回复过来 등
过去	동작이나 사물이 화자의 반대 방향으로 이동함을 나타내며, 또는 원래의 모습이나 정상적인 상태를 상실함을 나타낸다. 이동 : 拿过去, 抢过去 등 상실 : 昏过去, 死了过去 등
不过来, 不出来	'不过来'는 '너무 많아서 하지 못함'을 나타내며, '不出来'는 '몰라서 하지 못함'을 나타낸다. ① 我在图书馆借了太多书, 两个星期内, 我都看不过来了。 ② 这个谜语太难, 没有提醒话, 我就猜不出来。 ③ 学生提的疑难题太多, 老师都回答不出来。(×) → 学生提的疑难题太多, 老师都回答不过来。 ④ 我没有准备好期中考试, 连这么简单的问题都答不过来。(×) → 我没有准备好期中考试, 连这么简单的问题都答不出来。

제3절 형용사

【주요내용】

- 형용사의 정의
- 형용사의 종류:
  1) 성질 형용사 2) 형상 형용사 3) 상태 형용사 4) 수량 형용사
  5) 규정 형용사
- 형용사의 특징
- 원 형용사와 중첩 형용사의 문장론적 기능

1. 형용사란 무엇인가?

형용사란 사람이나 사물의 성질과 형상, 또는 동작의 상태를 나타내는 단어들의 부류이다. 한국어에서 동사와 형용사는 형태에 있어 분명히 구별되지만 중국어에서는 그렇지 않으므로, 주로 다른 단어와의 결합과 문장에서의 기능으로 구별해야 한다. 중국어에서 성질, 형상, 상태를 나타내는 형용사들은 의미는 다르지만 문법적 기능이 유사하므로 보통 같이 취급한다. 그러나 중국어는 고립어의 성격이 강하기 때문에 형용사 중에는 형태변화 없이 문장 기능상에서만 수량이나 규정을 나타내는 특수 용법의 형용사도 있다.

2. 형용사의 종류

1) 성질 형용사

好 坏 对 冷 热 贵 假 便宜 容易 伟大 大方 老实 优秀 勇 敢 落后

先进 坚强 软弱 聪明 软 硬 甜 苦 辣 平常 光荣 正确...

2) 형상 형용사

长 短 大 小 粗 细 红 绿 平坦 整齐 雪白 笔直 通红...

3) 상태 형용사

快 慢 早 晚 黑 亮 愉快 熟练 轻松 清楚 马虎 干脆...

4) 수량 형용사

全 整 多 少 许多 好些...

5) 규정 형용사

男 女 雌 雄 正 副 横 坚 单 夹 个别 共通 主要 新生 慢性 袖珍 大型 彩色 新式 初级 四方 根本...

3. 형용사의 특징

(1) 형용사는 '很, 非常, 十分' 등과 같은 정도부사의 수식을 받을 수 있다. 동사는 정도부사의 수식을 받을 수 없으므로, 흔히 정도부사의 수식을 받을 수 있는가 없는가에 따라 형용사와 동사(심리활동 동사는 예외)를 구분한다.

很, 非常, 十分 + 형용사

好	⇨	很好	非常好	十分好
清楚	⇨	很清楚	非常清楚	十分清楚
重要	⇨	很重要	非常重要	十分重要

그러나 '雪白, 血红, 漆黑, 笔直, 冰凉, 稀烂, 精光, 喷香, 通红, 刷白, 惨白, 鲜红, 黢黑...' 등처럼 단어 자체에 이미 정도의 뜻이 내포되고 있는 형용사는 정도부사의 수식을 받지 못한다.

① 那个同学穿上了一条很笔直的裤子, 多带劲哪! (×)
→ 那个同学穿上了一条笔直的裤子, 多带劲哪!
② 很鲜红的太阳从东方升起来了。(×)
→ 鲜红的太阳从东方升起来了。

위의 예문에서 '笔直'와 '鲜红'은 단어 자체에 정도의 뜻이 담겨져 있으므로 정도부사 '很'을 붙이는 것은 별 의미가 없다.

√ 정도의 차별을 둘 수 없는 형용사 : 真, 假, 错, 绝对, 相对, 唯一
√ 수량형용사 : 许多, 好些, 全部
√ 규정형용사 : '个别' '主要'는 제외
→ **정도 부사의 수식을 받지 못한다.**

중첩형용사도 자체가 정도를 나타내므로 정도부사의 수식을 받지 못한다.

③ 不要着急 很慢慢来。(×)
④ 他们把衣服洗得很干干净净。(×)
⑤ 到了春天, 草坪上的草就很绿油油的。(×)

(2) 형용사는 일반적으로 목적어를 갖지 못한다.

① 我们<u>清洁</u>了一间屋子。(×) → 我们<u>清扫</u>了一间屋子。
형용사 동사

그러나 일부 형용사는 타동사와 같이 목적어를 갖기도 한다. 이처럼 형용사이면서 동사의 기능을 갖는 단어를 '형동사'라 칭하며, 이때는 사역의 의미로 보아 '~하게 하다'라 풀이해야 한다.

壮大力量 **巩固**国防 **端正**态度 **坚定**信心 **严肃**纪律 **健全**组织
纯洁队伍 **充实**内容 **密切**关系 **丰富**文化生活 **繁荣**经济 **方便**交通

이런 단어들은 목적어를 갖지 않을 때에는 정도부사 '很' 등의 수식을 받을 수 있지만, 목적어가 있으면 정도부사의 수식을 받지 못한다.

② 这个地方交通很**方便**。
③ 在我家附近新盖了一座大桥, 很**方便**了交通。(×)

(3) 일부 단음절 형용사는 시제조사 '着, 了, 过'나 방향동사 '起来, 下去' 등과 같이 쓸 수 있다. 형용사가 동태 조사 '着'와 어울려 쓰이면 상태의 지속을 나타낸다.

① 请**慢着**!
② 他**红着**脸吵架。

형용사가 어기조사 '了'와 어울려 쓰이면 '상태의 변화'를 의미해 '~해졌다'는 뜻을 나타내며, 또 '완료'를 나타내기도 한다.

③ 我的电子表比昨天快了一分钟。(상태의 변화)
④ 今天冷了很多。(상태의 변화)
⑤ 对了三道题, 错了一个字。(완료)

형용사가 '过'와 어울려 쓰이면 과거에 경험한 적이 있었음을 나타낸다.

⑥ 他从来没有跟我红过脸。

(4) 형용사는 중첩할 수 있으며, 중첩형용사는 '정도의 심화'를 나타낸다.

◉ 완전 중첩

1) 단음절 형용사의 중첩 형식은 'AA(高高)'이다.

红红 圆圆 高高 胖胖 好好 小小 远远 轻轻 紧紧...

단음절 형용사를 중첩하면 두 번째 음절을 1성으로 발음하는 동시에 엑센트를 두어 발음한다.

红红 ---------- hónghóng ---------- hónghōng
远远 ---------- yuǎnyuǎn ---------- yuǎnyūan

이음절 형용사의 중첩 형식은 'AABB(高高兴兴)'와 'ABAB(雪白雪白)'이다. 'AABB' 형식으로 중첩되면 두 번째 음절을 경성으로 읽고, 세 번째 음절과 마지막 음절을 1성으로 발음하는 동시에 엑센트도 마지막 음절에 둔다.

恭恭敬敬 ---------- gōng gong jīng jīng

整整齐齐 ---------- zhěng zheng qī qī

2) 'AABB' 형식으로 중첩되는 형용사에는 아래와 같은 것들이 있다.

安静 高兴 高大 漂亮 结实 随便 凉快 痛快 大方 老实 整齐 恭敬 简单 清凉 辛苦 勉强 斯文 清白 欢喜 模糊 仔细 从容 清爽 清静 破烂 别扭 扑实 平整 平安 平稳 切实 忙碌 稀松 匆忙 活泼 凄惨 凄凉 简单 完成 安稳 稳当…

※ 'AABB' 형식으로 중첩되는 형용사는 'A'와 'B'의 관계가 경중의 구분이 없이 대등한 관계로 구성된 형용사들이다.

'ABAB' 형식으로 중첩되면 첫음절과 세 번째 음절에 역점을 둔다.

通红通红 ---------- tōnghóng tōnghóng
雪白雪白 ---------- xuěbái xuěbái

3) 'ABAB' 형식으로 중첩되는 형용사에는 아래와 같은 것들이 있다.

清冷 精稀 精白 刷白 焦黄 冰凉 黢黑 喷香 稀烂 精光 习惯 巩固 充实 坦白 孤立 讲究 开阔 可怜 肯定 深入 严肃 壮大 纯洁 固定 严格 满意 健全 调和 集中…

※ 'ABAB' 형식으로 중첩되는 형용사는 'A'와 'B'의 관계가 경중의 구분이 있는 수식 관계로 구성된 형용사들이다.

'AABB'와 'ABAB' 형식으로 둘 다 중첩할 수 있는 형용사는 'AABB' 형식이 'ABAB' 형식 보다 정도가 더 심함을 나타내며, 또한 'ABAB' 형식은 동사의 중첩 형식처럼 '해 보다'의 뜻도 함께 나타낸다.

① 他**高高兴兴**地走了。 → 你给我说说, 也让我们**高兴高兴**吧。

② 他的晚年过得**舒舒服服**的。 → 你就坐在这儿**舒服舒服**吧。

③ 他把话说得**清清楚楚**。 → 你的会计帐目**清楚清楚**。

◉ 불완전 중첩

1) 불완전 중첩 형식은 두 음절 형용사에 '里'가 끼여 'A里AB(古里古怪)' 형식으로 된다.

肮里肮脏 别里别扭 哆里哆嗦 疙里疙瘩 糊里糊涂 娇里娇气 流里流气 啰里啰唆 马里马虎 傻里傻气

2) 불완전 중첩은 성조는 불변이며, 두 번째 음절을 경성으로 읽고 엑센트를 첫 번째 음절에 둔다.

流里流气 ---------- liú li liú qì

啰里啰唆 ---------- luō li luō suō

3) 불완전 중첩 형식의 형용사는 증오나 경멸, 멸시의 느낌이 내포되어 있다.

① 一瞧见他那**傻里傻气**的样子, 我就心烦。

② 我还没开口, 那个家伙就先**啰里啰唆**地说了一套。

◉ 보조의 중첩

1) 단음절 형용사나 기타 단음절 품사에 보조의가 붙어 'ABB' 형식으로 된다.

热糊糊 甜溜溜 香喷喷 绿油油 慢腾腾 红通通 乱哄哄 硬梆梆…
水汪汪 雾蒙蒙 面糊糊 金灿灿…
活生生 闹哄哄 笑哈哈 死板板…

2) 보조의 중첩 형식에서 중첩된 첫음절은 경성으로 읽는다.

水汪汪 ---------- shuǐ wang wāng
绿油油 ---------- lǜ you yōu

3) 보조의 중첩의 형용사는 감정색채와 형상색채의 정도를 나타낸다.

① 母亲为我粘**糊糊**地熬了一锅粥。
② 小河的水**清悠悠**的。
③ 说着说着, 那个**胖糊糊**的女人走过来了。

4. 원 형용사와 중첩 형용사의 문장론적 기능

(1) 원 형용사는 직접 명사와 결합할 수 있지만 중첩 형용사는 뒤에 반드시 '的'를 써야 한다.

① 这是一件干净衣服。

② 这是一件干净的衣服。
③ 这是一件干干净净衣服。(×)
④ 这是一件干干净净的衣服。

(2) 원 형용사가 상황어로 쓰일 때 단음절 형용사는 뒤에 '地'를 쓰지 않으나, 이음절 형용사가 상황어로 쓰이면 일반적으로 뒤에 '地'를 붙인다. 그러나 중첩 형용사는 뒤에 '地'를 써도 되고 쓰지 않아도 된다.

① 这儿滑, 请慢走!
② 我们要认真(地)研究今后的工作计划。
③ 他们干净扫了屋子。(×)
④ 他们干净地扫了屋子。
⑤ 他们干干净净(地)扫了屋子。

(3) 원 형용사는 목적어가 될 수 있지만, 중첩 형용사는 될 수 없다.

① 我喜欢安静。
② 我喜欢安安静静。(×)

(4) 단음절 원 형용사는 뒤에 '的'가 붙어 명사적으로 쓸 수 있지만, 중첩 형용사는 그렇게 쓰지 못한다.

① 我已经拿了大的。
② 我已经拿了大大的。(×)
③ 他挑了一个小的。
④ 他挑了一个小小的。(×)

제4절 수 사

【주요내용】
- 수사의 정의
- 수사의 종류:
  1) 수량수사 2) 순서수사
- 특수 수사의 용법:
  1) 零 2) 二, 两

1. 수사란 무엇인가?

수사란 수량의 개수나 순서를 나타내는 단어들의 부류이다.

零(0) 一 二 三 四 五 六 七 八 九 十 百 千 万 亿 半 两...

2. 수사의 종류

중국어의 수사는 크게 **"수량수사(基数)"**와 **"순서수사(序数)"**로 나눈다.

1) 수량수사 (基数)

수량수사는 수치, 즉 수의 다소, 수량을 가리킨다. 수량수사는 **"정수"**, **"분수"**, **"소수"**, **"배수"**, **"개략수(어림수)"** 등으로 나눌 수 있다.

◉ 정수

계수 : 零(0), 一, 二, 三, 四, 五, 六, 七, 八, 九, 十, 半, 两.
자리수 : 十, 百, 千, 万, 十万, 百万, 千万, 亿...

◉ 분수

(1) 중국어에서 분수는 '정수分之정수'로 표시한다.

예) 1/3 → 三分之一
3과1/3 → 三又三分之一

(2) 백분율인 경우는 '%'로 표시하기도 한다.

예) 55% → 五十五% 또는 百分之五十五

① 我们班上的同学当中, 戴眼境的占四分之三。
② 年底为止, 差不多完成了目标的**95%**。

(3) 분수의 분모가 '十'일 때 분모를 쓰지 않고 분자수 뒤에 '分'이나 '成'을 붙여 나타내기도 한다.

① 满天乌云, 我看八成儿要下雨。
② 七分成绩, 三分错误还可以。

◉ 소수

소수점은 '点'으로 읽으며, 소수점 앞은 정수로도 읽고 계수로도 읽지만, 소수점 이하는 계수로만 읽는다.

예) 345.67 → 三百四十五点六七 또는 三四五点六七

◉ 배수

(1) 배수는 수량수사 뒤에 양사 '倍'를 붙여 표시한다. 배수는 수량의 감소에 쓰지 않고 '크다', '많다', '증가하다'는 경우에만 쓴다.

① 三的五倍是十五。
② 品种改良后产量提高了三倍, 生产单价却减少了一倍。(×)
→ 品种改良后产量提高了三倍, 生产单价却减少了一半。
③ 去年我校有四百名学生, 今年八百了, 今年的学生数是去年的两倍。
④ 去年我校有四百名学生, 今年八百了, 今年学生数比去年增加了一倍。
⑤去年我校有四百名学生, 今年八百了, 今年学生数比去年增加了两倍。(×)

예문 ⑤에서 '今年'이 '去年'보다 증가한 수를 비교하기 때문에 '去年'의 수량 '四百名'은 포함되지 않으므로 '两倍'를 '一倍'로 고쳐야 한다.

[주의]

- 甲은 乙의 몇 배 — 甲是乙的几倍 ('甲'의 수를 '乙'의 수로 나눈 결과)
- 甲은 乙보다 몇 배 크다 — 甲比乙大几倍 ('乙'의 수를 '甲'의 수에서 뺀 다음 '乙'의 수로 나눈 결과)

예) • 九是三的几倍 — '九'를 '三'으로 나눈 결과가 '三'이므로 '三倍'
• 九比三大几倍 — '九'에서 '三'을 뺀 다음 ''으로 나눈 결과가 '三'이므로 '二'이 两倍

(2) 증가를 나타내는 동사로는 흔히 '增, 增加, 提高' 등을 사용한다.

- 增加, 增加了 : 원 수량은 포함하지 않고 증가된 수량만 비교.
- 增为, 增加为(到), 提高为(到) : 원 수량도 포함시켜 비교.

① 我们厂原来每月生产二百辆汽车, 实施机械化以后, 每月能生产三百辆, **增加了百分之五十。(增加到百分之一百五十)**

② 目前, 全厂工人干劲十足, 劳动效率一般比去年<u>提高到百分之三十</u>。(×)
→ 提高到百分之一百三十 또는 提高了百分之三十

③ 电子制品制造厂去年生产两万台彩色电视机, 今年能生产三万台, <u>增产了百分之一百五十</u>。(×)
→ 增产了百分之五十 또는 增产为(到)百分之一百五十

◉ 개략수 (어림수)

개략적으로 어림잡아 나타내는 수를 개략수, 또는 어림수라고 한다. 개략수를 나타내는 방법은 아래와 같은 몇 가지가 있다.

(1) 인접한 수사 두 개를 이어서 쓴다.

一两	两三	三四	四五	五六...
三五	千百	八九千	百儿八十	千儿八百...

① 这次出差, 可能得五六天才能回来。
② 这个问题太复杂, 不能以一两句来解释。

'百儿八十', '千儿八百' 등은 각각 '백 안팎', '천 안팎'의 의미이며 '백팔십'이나 '천팔백'이 아니다.

(2) 숫자 앞에 '成, 上, 约, 小, 近' 등을 써서 나타낸다.

- 成, 上 : '百'이상의 자리수 앞에 쓰여 수량이 많음을 나타냄.
  (成千上万(수천 수만)과 같이)
- 约, 近 : 한국어에서의 용법과 유사하게 '약', '근'의 뜻을 나타냄.

① 成千成万群众夹道热烈欢迎着世界杯进入四强的国队。
② 釜山市人口约四百万。
③ 他的年龄近五十。

(3) 숫자 뒤에 '来, 多, 把, 以上, 以下, 左右, 前后, 上下' 등을 쓴다.

- **来, 多**
  来 : 앞에 숫자가 나타낸 수에 접근하며 차이가 얼마 없음을 나타냄.
  多 : 앞에 숫자가 나타낸 수보다 더 많음을 나타냄.

① 他今年三十来岁了。
② 他今年三十多岁了。

예문 ①에서는 '삼십 세' 안팎을 나타내 '이십 구세'나 '삼십 일세'일 수 있다.

예문 ②에서는 좀 넘는 수로 '삼십 여세'를 나타낸다.

'来'와 '多'가 수사와 양사 사이에 쓰일 때, 숫자는 반드시 끝자리 수가 '0'이어야 한다.

十来斤　　　　二十多个　　　　三百来亩　　　　三千多头…
二十五多个 (×)　　　　三百五十五来亩 (×)

'来'와 '多'가 양사와 명사 사이에 쓰일 때, 숫자는 반드시 계수(1부터 10까지)여야 한다.

一千来(多)斤苹果　→　一千斤来(多)苹果 (×)
五斤来(多)　→　五来(多)斤西瓜 (×)

그런데 숫자가 '十'일 때 '来', '多'는 양사 앞에도 쓰일 수 있고, 양사와 명사 사이에도 쓰일 수 있으나 뜻은 다르다.

③ 他买了十多(来)斤糖。
→ '十一斤' 또는 '十二三斤'

④ 他买了十斤多(来)糖。
→ 소숫점 이하로 '十点 몇 근'

• 把

'把'는 '多'와 비슷하다. 그러나 '把'가 수사와 양사 사이에 쓰일 때 수사는 반드시 계수를 쓰지 않고 바로 '百, 千, 万'이라 해야 한다.

千把块钱 → 一千把块钱 (×) → 一千多块钱

• 以上, 以下

以上 : 앞의 수를 포함해 큰 것을 나타냄.

以下 : 앞의 수를 포함해 작은 것을 나타냄.

예) '五十以上' — '五十'를 포함해 그 수보다 많은 것.

'五十以下' — '五十'를 포함해 그 수보다 작은 수를 가리킴.

이는 한국어의 '이상', '이하'와 같다고 보면 된다. 이 둘은 다음에 주의해야 한다.

① 满七岁<u>以上</u>的上小学, 满七岁<u>以下</u>的上幼稚园。(×)

예문 ①에서 '七岁'가 '上小学'의 범위에 드는지 아니면 '上幼稚园'의 범위에 드는지가 분명하지 못하다.

'以上'을 쓰려면 '以下' → '不满, 不足, 不够, 不到, 少于, 小于' 등으로 바꿈.

'以下'를 쓰려면 '以上' → '足够, 满, 到, 超过, 大于, 多于' 등으로 바꿈.

② 七岁<u>以上</u>的上小学, <u>不到</u>七岁的上幼稚园。

③ 七岁<u>以下</u>的上幼稚园, <u>超过</u>七岁的上小学。

• 左右

약간 많거나 적음을 나타내며, 숫자 뒤에만 사용할 수 있다.

三点左右 (시점)　　五天左右 (시단)　　十个人左右 (숫자)

春天左右 (×)　　天亮左右 (×)

• 前后

약간 많거나 적음을 나타내며, 숫자와 관계없이 시점에만 쓰인다.

春天前后　　天亮前后　　三点前后　　八月前后
五天前后 (×)　　十个人前后 (×)

• 上下

'左右'와 용법이 같으나 활용범위가 '나이'나 '높이', '중량' 등에 제한되어 있다. 나이를 나타낼 때는 '二十岁上下', '六十岁上下' 등 성인에 한정되며, '十岁上下'와 같이 미성년에는 쓰지 않는다.

(4) 수사 '两'은 일정한 언어 환경에서 개략수를 나타낸다.

① 我有两本小说。(확정된 수량)
② 你们不要吵嘴, 少说两句话嘛。(개략수)

2) 순서수사 (序数)

차례를 나타내는 수사를 '순서수사', 혹은 '서수'라고 한다. 순서수사는 수량수사 앞에 '第'나 '头'를 써서 차례를 나타낸다.

예) 第一天　　第二号　　第三排　　第二中学

'第一'에서 '第'는 '头'로 대체할 수 있다.

第一名 → 头一名 ／ 第一件事 → 头一件事
第一句话 → 头一句话 ／ 第一堂课 → 头一堂课

‘첫째’란 뜻에서 ‘第’와 ‘头’는 같지만, 둘째 이하에서는 다르다.

예) 第三名 → 그냥 ‘3등’의 뜻.
头三名 → 앞에서 3등, 즉 1등과 2등, 3등을 다 포함함.

① 韩日世界杯足球比赛冠军的巴西队，亚军的德国队，第三名的土里琪队, 第四名的韩国队依次登上领奖台领奖。
② 这次中文演讲竞赛中, 头三名是我们系的学生。

예문 ①에서 ‘第’는 ‘头’로 바꾸지 못한다. 예문 ②에서 ‘头’는 ‘第’로 바꾸지 못하지만 ‘前’으로 바꿀 수는 있다.

순서수사라 해서 언제나 ‘第’를 쓰는 것은 아니며, ‘第’를 쓰지 않고 직접 순서수사를 써서 차례를 나타내는 경우도 있다. 이를 살펴보면 다음과 같다.

첫째, 연대수, 달수 등과 같이 날짜의 시점을 나타낼 때.

예) 一九八二年 三月 五日(号)

그러나 시점의 순서를 나타낼 때는 ‘第’를 쓴다.

예) 今年是第六个五年计划的第二年了。

둘째, 집안이나 조직의 항렬을 나타낼 때.

예) 二叔 三哥 四妹 二弟
大哥(一哥 ×) 大姐(一姐 ×)

셋째, 건물이나 기구조직의 편성 번호.

예) 一班　三年级　五号房间　一楼

넷째, 등급을 나타낼 때 경우에 따라 쓰지 않는다.

예) 头等　二等　三等　末等

3. 특수 수사의 용법

• **零(0)**

'零(0)'은 특수한 수사로서 여러 자리 수의 빈자리에 쓰인다.

끝자리 수로부터 여러 자리 수가 비었을 때는 빈자리에 '0'으로 표시하고, 연대, 번호를 나타낼 때를 제외하고는 '0'을 읽지 않는다.

① 一九八○年, 他考上大学了。(연대)
② 我自用车的车号是三一七○。(번호)

일반적으로 '0'은 아라비아 숫자에서 놓이는 위치에 따라 다양하게 읽히게 된다. 이를 분석해 보면 다음과 같다.

(1) 중간에 '0'이 하나 쓰이면 '零'이라고 읽어준다.

예) '2**0**3' → '两百零三'
'3**0**,456' → '三万零四百五十六'

'30,405' → '三万零四百零五'

(2) 중간에 '0'이 두 개 이상 연이어 쓰이면 한 번만 읽어준다.

예) '2,003' → '两千零三'
'20,003' → '两万零三'
'200,003' → '二十万零三'

(3) '0'이 끝에 놓이면 단위를 다 읽던가 아니면 '0'을 다 생략하고 '0' 앞의 숫자만 읽어주면 된다.

예) '2300' → '两千三' 또는 '两千三百'
'23,000' → '两万三千' 또는 '两万三'
'230,000' → '二十三万'

(4) '0'이 중간과 끝에 다 놓이면 중간은 '零'이라 읽고, 끝의 단위 수는 반드시 읽어 주어야 한다.

예) '2030' → '两千零三十' (끝의 단위수를 읽어야 함)

[참고]
만약 '两千零三'이라 한다면 '2,003'이 된다. '20,300'은 '两万零三百'라 읽어야 한다. 이를 '两万零三'으로 읽는다면 '20,003'이 된다. **중국어에서 '两百三'은 '230'이지만 한국어에서는 '203'이므로 사용상 주의해야 한다.**

- **二, 两**

현대 중국어에서 '二'과 '两'은 같은 수를 나타내지만 그 용법이 다르다.

(1) 한 자리 수만으로 쓰이는 문장에서 양사 '个, 集, 本, 件, 双...' 등의 앞에 '二'은 '两'으로 써야 한다.

- 两个人 → 二个人(×) / 十二个人 → 十两个人(×)
- 两本书 → 二本书(×) / 十二本书 → 十两本书(×)
- 两位同志 → 二位同志(×) / 十二位同志 → 十两位同志(×)

수사 '2'와 명사 사이에 습관상 양사를 쓰지 않을 경우에는 '二'이나 '两'을 다 쓸 수 있다.

- 两人 → 二人 → 两个人 → 二个人(×)
- 两字 → 二字 → 两个字 → 二个字(×)

(2) 순서를 나타낼 때는 '二'을 쓰고 '两'을 쓰지 않는다. 만일 '两'을 쓰면 순서 수사가 아니다.

- 第二班 → 二班(순서) → 两班(수량)
- 第二指头 → 二指头(순서) → 两指头(수량)
- 第二次大战 → 二次大战(순서) → 两次大战(수량)

구두어에서 가끔 '两个(人)'을 합쳐 '俩(lia)'로 쓰기도 한다.

① 兄弟俩成绩都好。

② 咱们俩个一块上学吧。(×)

(3) '十, 十万, 十亿' 등과 같이 '十'을 기준으로 앞뒤에는 '二'을 쓰고 '两'을 쓰지 않는다. '百, 千, 万, 亿' 등 단위 앞에는 '两'과 '二'을 다 쓰나 '两'이 보편적이다.

- 二十(两十 ×) 二十二(两十两 ×, 二十两 ×, 两十二 ×)
- 二百五十(两百五十) 两千三百(二千三百) 两万五千(二万五千) 两亿(二亿)

제5절 양사

【주요내용】

- 양사의 정의
- 양사의 종류 :
  1) 명량사 - 전문 명량사, 임시 명량사
  2) 동량사 - 전문 동량사, 임시 동량사
- 수량사의 정의와 특징

1. 양사란 무엇인가?

양사란 사물의 수량이나 동작과 관계된 횟수의 단위를 나타내는 단어들의 부류이다.

① 请你从这三个人中任选一个。(수사 + **양사(명량사)** + 명사)
② 这个问题, 还要讨论一次。 (동사 + 수사 + **양사(동량사)**)

현대 중국어에서 수사와 명사, 동사와 수사가 연이어 쓰일 때 수사 뒤에 양사가 온다.

2. 양사의 종류

고대 중국어에는 양사가 거의 발달되어 있지 않았으나, 현대로 오면서 크게 발달하여 현대 중국어에는 무려 700개가 넘는 양사가 있다고 한다. 이를 기능에 따라 보면 크게 **'명량사'**와 **'동량사'** 두 가지로 나눌 수 있다.

현대 중국어의 양사 가운데 특히 명량사가 매우 발달해 있으며, 이는 현대 중국어의 특징 중 하나라 할 수 있다. 따라서 명사에 따라 이에 적합한 양사를 쓰는 것이 중국어 표현에 있어 매우 중요하다.

1) 명량사

명량사 구조 : | 수사 | + | **양사** | + | 명사 |

사물의 수량을 나타낼 때 수사와 명사 사이에 양사(명량사)가 쓰인다.

보통 사물의 종류나 형태에 따라 적합한 다른 양사를 사용한다.

예) 牛 → 一头牛
马 → 一匹马

한국어에서도 '두(头)'나 '필(匹)', '마리'와 같이 동물에 대한 양사를 사용하고 있지만 중국어와 완전히 일치하지는 않는다.

예) 대(台)

중국어: 拖拉机(트랙터), 缝纫机(재봉틀), 车床(선반), 仪器(측정기구) 등 제한된 사물에 사용

한국어: 자동차(汽车), 마차(马车), 자전거(自行车), 사진기(照相机) 등의 기계류에 보편적으로 활용

예) 척(只)

중국어: 새나 동물에 사용

한국어: '배 한 척, 두 척'과 같이 배를 세는 양사로만 사용

그러므로 중국어 양사를 학습할 때 해당 명사에 적합한 양사를 사용해야 할 뿐만 아니라 한중(韩中) 차이점에 대해서도 주의해야 한다.

◉ 전문 명량사

전문 명량사란 전문적으로 양사로만 쓰이는 것을 말한다. 전문 명량사에는 단수양사, 복수양사, 도량형양사 그리고 무정양사가 있다.

◉ 단수양사

단수양사란 하나하나로 계산할 수 있는 사물의 계산 단위를 말하며, 개체양사라고도 한다.

个, 只, 条, 位, 头, 匹, 口, 门, 件, 种, 份, 张, 把, 块, 颗,
棵, 朵, 尾, 座, 幅, 所, 间, 辆, 台, 滴, 架, 顶, 面, 挺, 支,
床, 篇 …… 등

단수양사는 그 수가 가장 많고 복잡하므로, 어떤 명사에 어떤 양사를 써야 하는지 아는 것이 매우 중요하다. 다음은 자주 쓰이는 양사와 명사이다.

• 个

'个'는 현대 중국어에서 가장 많이 쓰이는 양사로, 확정된 양사가 있는 명사에도 쓰이고, 확정된 양사가 없는 명사에도 두루 쓰일 수 있다.

一个花瓶, 一个字, 一个地方, 一个号码, 两个朋友, 一个星期,
一个(种)想法, 一个(条)意见, 一个(项)任务

[참고]

① '个'는 '술어+목적어'의 단어 결합으로 된 동사와 명사 사이에 쓰여 동량사와 유사하게 쓰이기도 한다. 예) 洗个澡, 见个面, 说个话 …… 등

② '个'는 '술어+보어'의 단어 결합으로 된 동사와 보어 사이에 쓰여 정도가 높음을 나타낼 수도 있다. 이때 '个'는 '得'와 비슷하다. 예) 唱个痛快, 睡个够, 看个仔细 …… 등

③ 어떤 경우에는 동작의 지속을 나타내기도 한다. 예) 说个没完, 笑个不停 …… 등

• 条

주로 가늘고 긴 사물이나 작은 동물, 항목, 조목 등에 많이 쓰인다.

一条鱼(蛇, 龙, 毛虫), 一条被(床单, 毯子), 一条河(江, 沟, 渠),
一条街(道, 路), 一条毛巾(裤子, 裙子, 麻袋), 一条狗(牛, 毛驴),
一条钱(筋), 一条汉子(命, 心), 一条理由(消息, 意见, 原来, 命令, 标语)

• 只

주로 새, 동물, 곤충, 그리고 짝을 이루는 물건의 한 짝을 세는데 쓰인다.

一只鸟(鹅, 鸡, 鸭, 喜鹊), 一只苍蝇(蜜蜂, 蜻蜓) 一只袜子(鞋, 手套),
一只手(眼睛, 腿, 脚, 胳膊), 一只老虎 (狮子, 狼, 熊, 兔子, 描, 老鼠)

• 件

주로 의상이나 물건, 일, 사건에 많이 쓰인다.

一件衣服(上衣, 背心, 毛衣, 风衣, 长袍, 汗衫)
一件事情(案子, 公文, 工作)
一件东西(艺术品, 家具, 行李)

• 种

종류를 나타내는데 쓰인다.

一种人, 一种商品, 一种菜, 一种刊物, 一种现象, 一种看法,
一种办法, 一种气味, 一种见解

• 份

주로 한 벌, 한 세트로 세는 것에 많이 쓰인다.

一份报纸(杂志), 一份文件(材料, 计划, 纪录, 清单), 一份菜, 一份点心

• 张

주로 넓고 평평한 것에 많이 쓰인다.

一张桌子(凳子, 沙发, 床), 一张纸(票, 相片, 地图), 一张嘴, 一张步犁,
一张古琴, 一张弓, 一张席子(叶子, 皮)

• 把

주로 자루나 손잡이가 달린 물건이나 한 줌, 한 움큼의 의미로 쓰인다.

一把刀(锉, 斧子, 剑, 锯, 锹, 钳子, 板子), 一把扇子(伞子), 一把锁头,
(钥匙), 一把椅子, 一把刷子(梳子, 牙刷, 扫帚), 一把筷子, 一把香焦,

一把炒面, (小米, 土, 砂子), 一把菠菜, 一把烟, 一把鼻涕(眼泪)

• 块

주로 덩어리로 된 것이나 조각에 많이 쓰인다.

一块砖(肥皂, 石头, 图章), 一块糖(肉, 蛋糕, 小骨头), 一块木板(玻璃, 铁板, 黑板, 镜子, 招牌), 一块云彩, 一块手表

• 颗

주로 입자로 된 물건이나 작고 둥근 것에 많이 쓰인다.

一颗豆子(花生, 粮食, 瓜子儿, 葡萄), 一颗子弹(手榴弹, 地雷), 一颗珍珠(鉆石, 汗珠, 露水), 一颗钉子, 一颗图章, 一颗心

• 棵

한국어의 '포기', '그루'에 해당한다.

一棵草(麦子, 棉花, 葡萄, 树, 秧苗), 一棵白菜(葱)

• 朵

한국어의 '떨기'에 해당한다.

一朵花, 一朵云彩(霞)

• 口

주로 식구, 가축, 주둥이가 달린 물건과 입, 모금의 의미로 많이 쓰인다.

一口人, 一口猪, 一口牙齿, 一口(唾沫), 一口井, 一口缸(锅)

• 座

주로 산이나 큰 건축물, 교량 등처럼 비교적 크고 든든하며, 고정적인 물체에 많이 쓰인다.

一座工厂(剧院, 医院, 旅馆, 码头, 水闸, 水库), 一座山(岛), 一座桥, 一座城, 一座碑(锺, 宫殿, 塔, 庙)

• 幅

천, 종이, 그림에 많이 쓰인다.

一幅国书, 一幅地图(相片), 一幅土布

• 所

집, 학교, 병원 등에 많이 쓰이며, 한국어의 채, 동에 해당한다.

一所学校(医院, 银行, 楼房)

• 间

방을 세는데 쓰인다.

一间教室, 一所六间房子, 一间房子

• 辆

주로 차량에 많이 쓰인다.

一辆汽车(自行车, 三轮车, 卡车), 一辆坦克(战车)

• 台

주로 기계, 차량, 연극공연의 횟수에 많이 쓰인다.

一台机器(车床, 马达, 仪器), 一台拖拉机(水车, 风车),
一台收音机(缝纫机, 照相机), 一台戏

• 艘

주로 배에 많이 쓰이며 한국어의 '척'에 해당한다.

一艘轮船(飞船, 军舰)

• 匹

한국어의 '필'에 해당한다.

一匹马(骆驼, 毛驴子), 一匹布

• 头

마리, 머리모양을 한 물건, 일, 사건의 가지 수에 많이 쓰인다.

一头牛(驴, 羸子, 羊, 猪), 一头蒜

• 滴

액체의 덩어리에 많이 쓰이며, 한국어의 '방울'에 해당한다.

一滴水(泪, 血, 汗, 露水, 雨, 油)

• 架

주로 받침대가 있는 물건이나 골조구조를 가진 기계류에 많이 쓰인다.

一架照相机(望远镜, 显微机), 一架钢琴(风琴), 一架葡萄(葫芦, 藤萝), 一架梯子, 一架牛车(马车), 一架飞机

• 顶

꼭대기나 뚜껑을 갖고 있는 물건에 많이 쓰인다.

一顶帽子, 一顶轿子, 一顶蚊帐

• 面

주로 평평한 물건에 많이 쓰인다.

一面镜子, 一面鼓, 一面红旗, 一面铜锣

• 门

주로 가문, 대포, 또는 학문, 기술의 항목에 많이 쓰인다.

一门大炮, 一门技术(学问, 课程, 课), 一门亲戚

• 支

주로 부대, 노래, 가늘고 긴 물건에 많이 쓰인다.

一支笔(粉笔, 钢笔, 铅笔), 一支枪(步枪, 手枪, 长枪), 一支箭,
一支蜡烛, 一支军队(队伍, 部队), 一支歌曲(曲子, 乐曲)

• 盒

주로 작은 상자에 많이 쓰인다.

一盒粉笔, 一盒烟, 一盒火柴

• 篇

주로 쓰여진 글이나 인쇄한 종이에 많이 쓰인다.

一篇文章, 一篇报道

• 首

주로 시, 사, 노래에 많이 쓰인다.

一首诗, 一首歌

• 本

주로 책의 권이나 연극의 막에 많이 쓰인다.

一本书(手册), 一本帐

◉ 복수 양사

복수양사란 한 쌍이나 한 무리를 계산하는 사물 양사를 말한다.

双, 对, 副, 帮, 群, 批, 堆, 队, 列, 挑, 捆, 窝, 圈 …… 등

• 双

쌍을 이루는 것에 많이 쓰인다.

一双手(脚, 眼睛, 耳朵, 胳膊), 一双鞋(袜子, 手套, 筷子)

• 对

쌍을 이루는 것에 많이 쓰인다.

一对夫妇(男女), 一对鸟儿(鸳鸯, 鸽子), 一对金鱼(大虾, 石狮子),
一对眼睛(手套, 耳环, 翅膀), 一对矛盾

• 副

한 벌이나 한 쌍으로 이루어지는 것에 많이 쓰인다.

一副眼镜(手套, 耳环), 一副棋(扑克牌), 一副对联, 一副中药,
一副筐(水桶, 鱼纲)

• 帮

사람의 조직이나 집단을 이루는 것에 많이 쓰인다.

一帮人

• 群

무리나 떼를 나타 내는데 쓰인다.

一群歹徒, 一群羊, 一群鸭

• **批**

사람의 집단 물건의 무더기를 나타내는데 쓰인다.

一批工人(学生, 妇女), 一批货, 一批产品

• **堆**

무더기, 더미, 무리, 떼를 나타내는데 쓰인다.

一堆石头(煤, 肥料), 一堆拉圾, 一堆蚂蚁, 一堆人, 一堆木头, 一堆草

◉ 도량형 양사

도량형 양사란 사물의 길이, 무게, 용적, 면적, 체적 등을 나타내는 단위를 말한다.

寸, 尺, 丈, 里, 米, 公里, 海里	(길이)
钱, 两, 斤, 吨, 公斤	(무게)
分, 亩, 顷, 垧, 公顷, 平方尺, 平方米	(면적)
立方尺, 立方米, 斗, 石[dàn]	(부피)

◉ 무정 양사

무정양사란 소량으로 그 양을 확정할 수 없는 수를 나타내는 양사이다.

• 点

一点儿事, 吃点东西, 好(一)点, 差(一)点, 看(一)点, 这(一)点

• 些

一些人, 买些水果, 好(一)些个东西, 差(一)些, 看(一)些, 那(一)些

구체적인 사물을 가리킬 때, '点'은 '些'보다 더 적은 수량을 나타낸다.

我有一点事。
我有一些事。
他的病好一点。
他的病好一些。
这么点干什么?
这么些干什么?

◉ 임시 명량사

임시 명량사란 일반명사가 사물의 수량을 나타내는 단위로 대용되는 것이며, 대부분 용량을 말하기 때문에 용기양사라고도 한다.

碗, 缸, 车, 桌, 口袋 …… 등
两碗饭, 三缸水, 一车肥料, 一桌儿菜, 五口袋儿面

2) 동량사

동량사 구조 : 동사 + 수사 + 양사

동량사란 동작이나 행위의 횟수를 나타내는 단위를 가리킨다. 명량사는 기본적으로 명사 앞에 놓이지만 동량사는 동사 뒤에 쓰인다. 동사 뒤에 쓰는 양사에 따라 뜻도 달라진다.

예) ① 这本书我读了三**次**。
② 这本书我读了三**遍**。

'**遍**'은 '처음부터 끝까지라는 뜻'을 강조하지만, '次'는 '처음부터 끝까지라는 뜻'을 강조하지 않고 단순히 횟수만을 의미한다.

◉ 전문 동량사

전문 동량사란 전문적으로 동작의 횟수만을 나타내는 양사를 말한다.

次, 回, 趟, 遍, 顿, 阵, 场, 番, 下, 遭

• 次

'次'는 현대 중국어에서 가장 널리 쓰이는 동량사로, 반복적으로 나타나는 동작이나 행위의 횟수를 나타내는 단위로 쓰인다.

每周开会一次。 → 每周开一次会。
去过杭州两次。 → 去过两次杭州。
找李先生一次。 → 找一次李先生。

장소나 인칭대명사로 된 목적어는 반드시 동량사 앞에 써야 한다.

去过那儿三次。 → 去过三次那儿。(×)
见过他一次。 → 见过一次他。(×)

• 回

반복적인 동작의 횟수를 나타내는 단위로 쓰인다. 구두어에 많이 쓴다. 장소나 인칭대명사로 된 목적어는 반드시 동량사 앞에 써야 한다.

去过北京一回。 → 去过一回北京。
去过那儿三回。 → 去过三回那儿。(×)

• 趟

'趟'은 내왕이나 운행의 왕복을 나타내는 단위로 쓰인다.

去了一趟北京。 → 去了北京一趟。
想回一趟家。 → 想回家一趟。

장소명사 목적어는 동량사의 앞뒤 모두 가능하나, 장소대명사와 보통명사로 된 목적어는 동량사 뒤에 놓여야 한다.

去过那儿三趟。 → 去过三趟那儿。(×)
运一趟煤。 → 运煤一趟。(×)

• 遍

동작이나 행위를 처음부터 끝까지 이어서 했음을 나타내는 단위로 쓰인다.

他的文章我看了三遍。

목적어는 문장 앞에 오거나 동량사 '遍'의 뒤에 위치한다.

看过三遍《红楼梦》。 → 《红楼梦》看过三遍。

• 顿

질책, 권고의 횟수를 나타내는 단위로 쓰인다. 이때 일련의 동작이나 행위가 한 차례 경과했음을 나타낸다.

说他一顿 → 说一顿他 (×)
训了他一顿 → 训了一顿他 (×)

인칭 명사 · 대명사로 된 목적어는 동량사 앞에 쓰이며, 일반명사는 동량사 뒤에 쓰인다.

批评了一顿
打了一顿狗
打了一顿

• 下

순간적 동작을 나타내는 단위로 쓰이며, 지속적인 동작에는 쓰지 않는다.

国旗摇了三下。 → 摇了三下国旗。 → 摇了国旗三下。(×)
推了我一下。 → 推了一下我。(×)
踢了吉童两下。 → 踢了两下吉童。(×)
拍了一下肩膀。 → 拍了肩膀一下。(×)
敲了三下钟。 → 敲了钟三下。(×)

인칭 명사・대명사로 된 목적어는 동량사 앞에 오며, 일반명사로 된 목적어는 동량사 뒤에 온다.

'你给我找一下我弟弟'에서 '一下'는 동사의 반복의 의미로 보아야 한다. 그러므로 여기서의 '一下'는 '两下'라 할 수 없다.

• 阵

잠시 지속되는 일이나 시간, 동작의 연속을 나타내는 단위로 쓰인다.

刮了一阵风。 → 刮了风一阵。(×)
说了一阵话。 → 说了话一阵。(×)

'一阵'은 명량사 기능도 갖고 있는 고정된 형태의 수량사이다.

• 场

하나의 동작이나 행위가 끝났음을 나타내는 동량사로, 주로 체육경기나 연극, 영화 등의 횟수를 나타내는 단위로 쓰인다. '一场'도 명량사 기능을 갖고 있는 고정된 형태의 수량사이다.

哭了一场
打了一场球。 → 打了球一场。(×)
演了一场戏。 → 演了戏一场。(×)

• 番

과정이 비교적 길고 시간이 소요되는 동작이나 행위를 나타내는 단위로 쓰인다.

调查了一番， 整顿了一番， 开导了一番

◉ 임시 동량사

임시 동량사란 일반명사가 동작의 수량이나 횟수를 나타내는 단위로 대용되는 것을 말한다.

画了一笔，切了一刀，咬了一口，开了一枪，踢了一脚，打了一拳

3. 수량사의 정의와 특징

수사와 양사는 각각 독립적인 품사이지만 대부분 같이 쓰여 수량적 단어 결합을 이루어 하나의 문장성분이 된다. 따라서 이를 합쳐 **수량사**라고 한다.

◉ 수량사의 특징

(1) 수량사는 일부 범위부사와 부정부사의 수식을 직접 받을 수 있다.

已经三遍了, 刚刚二十岁, 只两个(人), 仅两天, 才一年, 没有几块

(2) 수사가 '一'인 수량사를 중첩할 수 있다. 중첩 형식은 '一X一X(一个一个)', 혹은 '一XX(一个个)'인데, 그것이 문장에서 상황어가 되어 동사를 수식하면 '하나하나씩'이란 의미가 덧붙게 되고, 한정어가 되어 명사를 수식하면 '많다'는 의미가 덧붙게 된다.

① 事情要一件一件地办。 (상황어)
② 一步步地走。 (상황어)
③ 饭要一口一口地吃。 (상황어)
④ 一件一件的事办不完。 (한정어)
⑤ 桌子上摆着一盘一盘的菜。(한정어)

양사만을 중첩하면 '每', '都'의 뜻이 된다.

① 他家顿顿吃米饭。
② 那部电影场场客满。

(3) 수사가 '一'인 경우는 생략될 수 있다.

① 到了那里就写(一)封信。
② 家里来了(一)个客人。

(4) 수량을 열거할 때 수량사는 명사 뒤로 올 수도 있다.

① 我买了白菜三斤, 苹果二斤。
② 这里有桌子三张, 椅子七把。

제6절 대명사

【주요내용】

- 대명사의 정의
- 대명사의 종류 :
  1) 인칭대명사　2) 지시대명사　3) 의문대명사

1. 대명사란 무엇인가?

대명사란 사람이나 사물의 명칭을 대신, 대체하여 지시하는 역할을 하는 단어들의 부류이다.

① 李先生, 你去哪儿？
② 她一直哭, 姐姐走过去, 劝她说：“你别这样, 有什么值得哭呢!”
③ 他脾气很怪, 像他那样的人, 最好是不要理。
④ 我一下子能吃两斤牛肉, 他也能吃这么些牛肉吗？

예문 ①에서 대명사 ‘你’는 명사 ‘李先生’을 대신하고, 예문 ②에서 대명사 ‘这样’은 동사 ‘哭’를 가리키며, 예문 ③에서 대명사 ‘那样’는 형용사 ‘怪’를, 예문 ④에서 ‘这么些’는 수량사 ‘两斤’을 대신하였다.

대명사는 단어 뿐 아니라 단어 결합과 문장도 대신한다.

⑤ 过去的事, 就让它过去吧。
⑥ 刚才我朋友打电话来说, 我考上大学了, 我为这高兴得逃起来了。

예문 ⑤에서 대명사 '它'는 단어결합 '过去的事'를 대신하며, 예문 ⑥에서 대명사 '这'는 문장 '我考上大学了'를 가리킨다.

이처럼 대명사는 동일한 단어나 내용의 불필요한 중복을 피해 언어를 간결하고 표현을 부드럽게 하는 기능을 갖고 있다.

2. 대명사의 종류

대명사는 보통 의미와 기능에 따라 '**인칭대명사**', '**지시대명사**', '**의문대명사**' 세 가지로 나눈다.

1) 인칭대명사

인칭대명사란 사람이나 사물의 명칭을 대신하는 대명사로 대칭하는 대상에 따라 '1인칭', '2인칭', '3인칭'과 인칭이 고정적이지 않고 상황에 따라 가변적인 '가변인칭' 등이 있다.

- 1인칭 : 我 咱 俺 余 (단수) 我们 咱们 (복수)
- 2인칭 : 你 妳 您 (단수) 你们 您们 (복수)
- 3인칭 : 他 怹 她 它 (단수) 他们 她们 它们 (복수)
- 가변인칭 : 人家 别人 大家 大伙 自己 自家 自个儿

• **我, 你, 您, 他(她, 它)**

'我'는 화자 자신을 대신하는 1인칭이고, '你'는 청자를 대신하는 2인칭이며, '他'는 말하는 사람이나 듣는 사람 이외의 사람을 대신하는 3인칭이다. 또 '您'은 '你'의 존칭이다.

<table>
<tr><th colspan="2">항별 \ 유별</th><th rowspan="2">인칭대명사</th><th rowspan="2">항별 \ 유별</th><th colspan="2">지시대명사</th><th rowspan="2">의문
대명사</th></tr>
<tr><th colspan="2"></th><th>근칭</th><th>원칭</th></tr>
<tr><td>1인칭</td><td>자칭</td><td>我 我们
咱 俺 咱们</td><td>사람
사물</td><td>这</td><td>那</td><td>谁 什么 哪</td></tr>
<tr><td>2인칭</td><td>대칭</td><td>你 你们
您(您们)
妳 妳们</td><td>장소</td><td>这儿 这里</td><td>那儿 那里</td><td>那里 哪儿</td></tr>
<tr><td>3인칭</td><td>타칭</td><td>他 他们
她 她们
它 它们</td><td>시간</td><td>这会儿</td><td>那会儿</td><td>多会儿 多咱</td></tr>
<tr><td rowspan="3">가변
인칭</td><td>별칭</td><td>别人 人家 他人</td><td>수량</td><td>这么些</td><td>那么些</td><td>几 多少</td></tr>
<tr><td>재귀칭</td><td>自己, 自家</td><td rowspan="2">성질
상태
방식
동작
정도</td><td rowspan="2">这么
这样
这么样</td><td rowspan="2">那么
那样
那么样</td><td rowspan="2">怎么
怎样
怎么样</td></tr>
<tr><td>총 칭</td><td>大家, 大伙</td></tr>
</table>

'我 你 他'의 복수는 '我们 你们 他们'이다. '他, 她, 它'는 발음은 같지만 그 대상이 다르다. '他'는 남성 '她'는 여성을 그리고 '它'는 사물이나 동물을 가리킨다.

복수를 나타낼 때, 모두 남성이면 '他们'이라 하고 모두 여성이면 '她们'이라 하며 남녀가 섞여 있을 때에는 '他们'으로 나타낸다.

① 全班有十五个男同学和十个女同学, **他们和她们**都是釜山人。(×)
→ 全班有十五个男同学和十个女同学, **他们**都是釜山人。

• **我们, 咱们**

'我们'과 '咱们'은 모두 제 1인칭의 복수를 나타내지만 서로 다르게 쓰인다. '我们'은 화자만 나타낼 수도 있고, 또는 화자, 청자를 다 포함할 수도 있다. 그러나 '咱们'은 화자와 청자를 다 포함하는 경우에만 사용한다.

① 你对我们的工作有什么要求？ (화자만 포함)
② 你来得正好, 我们一起讨论吧。 (화자, 청자 다 포함)
③ 今晚有棒球决赛, 老师, 咱们一起去看吧。(화자, 청자 다 포함)
④ 请你在走廊不要大声吵, 咱们正在上课呢! (×) (화자만 포함)

예문 ②에서 '我们'은 듣는 사람까지 함께 나타내므로 '咱们'을 쓸 수 있다. 예문 ③에서 '咱们'은 '我们'으로도 쓸 수 있다. 예문 ④에서 '咱们'은 화자만 포함하기 때문에 틀린 문장이므로 '我们'으로 고쳐야 한다. 따라서 '咱们'을 쓴 경우는 모두 '我们'으로 바꿀 수가 있으므로, 가능한 '我们'을 써서 표현한다면 큰 문제가 없을 것이다.

• 人家

'人家'는 별칭으로 일반적으로 내가 아니 타인을 나타내나, 경우에 따라 1인칭이 될 수도 있다.

① 你这样大声叫, 不妨碍人家吗? (타인, 3인칭)
② 你不要随便动人家的东西。 (타인, 3인칭)
③ 人家急死了, 你还在开玩笑。 (1인칭)

• 大家

기본적으로는 인칭의 구분이 없이 전체 모두를 나타내지만, 때로 일부를 뺀 나머지를 나타내기도 한다.

① 大家坐好, 现在开会了。

② 我们一进来, 大家鼓掌表示欢迎。

- 自己

'自己'는 재귀칭 대명사이다. 재귀칭이란 앞의 인칭을 다시 한 번 반복해서 나타내는 것을 말한다. 이에 해당되는 것이 '自己'로, 이는 상황에 따라 1인칭, 2인칭, 3인칭이 다 될 수 있다.

① 这道题, 我自己会算。 (1인칭)
② 你自己的问题, 应该你自己去办。 (2인칭)
③ 这是他自己亲口说的。 (3인칭)
④ 自己的问题要自己解决。 (불확정 인칭)

2) 지시대명사

지시대명사란 대상이나 장소, 시간, 성질, 상태, 동작, 정도 등을 대신 지칭하는 대명사로서 근칭과 원칭으로 나눈다.

지시대명사	근 칭	원 칭
사람, 사물,	这	那
장소	这里, 这儿	那里, 那儿
시간	这会儿	那会儿
성질, 상태, 동작, 정도	这么, 这样, 这么样	那么, 那样, 那么样

- 这, 那

'这'는 말하는 사람과 거리가 가까울 때 쓰이므로 근칭 지시대명사라고 하고, '那'는 말하는 사람과 거리가 멀 때 쓰이므로 원칭 지시대명사라고 한다.

① 这是电脑, 那是打印机。

② 这是新来的系主任, 那是我们班代表。

• 这儿(这里), 那儿(那里)

'여기', '저기'의 뜻으로 장소의 가깝고 먼 것을 가리킨다.

① 你这儿(这里)坐一会儿, 还要过一会儿才开会。

② 那儿(那里)的水稻长得特别好。

• 这会儿, 那会儿

'这会儿'은 '이때', '이맘때'를, '那会儿'은 '그때', '그 동안'의 뜻으로 시간을 가리킨다.

① 我这会儿才有空跟他联系。

② 那会儿当学生, 现在当老师。

'这会儿'은 일반적으로 현재를 가리키지만, 과거나 미래의 한 시점을 가리켜 '이맘때'란 의미를 나타내기도 한다. 그러나 '那会儿'은 과거와 미래를 가리키며 현재에는 쓰지 않는다.

③ 这会儿雪下得更大了。(현재)

④ 去年这会儿我正在广州。(과거)

⑤ 等到后天这会儿你就到家了。(미래)

⑥ 你那会儿还是个不懂事的小孩子。(과거)

⑦ 再过几年我们长大了, 那会儿在各个方面就要负起责任来。(미래)

• **这么, 这(么)样, 那么, 那(么)样**

'이렇게', '저렇게(그렇게)'의 뜻으로 동사와 형용사를 수식하여 수단이나 방식, 정도를 나타낸다.

① 今儿怎么这么(这样)热？
② 既然你那么(那样)喜欢他, 就嫁给他吧。

3) 의문대명사

의문대명사란 의문을 나타내는 대명사이다.

谁, 什么, 哪, 哪儿(里), 多会儿, 几(时), 多少, 几, 怎么, 怎样, 怎么样, 为什么

• **谁, 什么, 哪**

'谁'는 '누구'라는 뜻으로 상황에 따라 단수, 혹은 복수를 나타낸다.

① 谁是你们的班长？
② 谁是你们的敌人？ 谁是我们的朋友？

예문 ①에서 '谁'는 단수 '班长'을 물으며, 예문 ②에서 '谁'는 복수 '我们的敌人'과 '我们的朋友'를 묻는다.

'什么'는 '무엇', '어떤'이란 뜻으로 사물, 사람에 대한 물음을 나타낸다.

① 你找什么？
② 你是他的什么人？

'哪'는 수량사나 앞에 쓰여 선택을 나타낸다.

① 我是房东, 您是哪一位呀 ?
② 哪(一)本书是最贵的 ?

- **哪里, 哪儿**

'어디'의 뜻으로 장소에 대한 물음을 나타낸다.

① 哪里有这种花色的料呢? ? 告诉我。
② 现在到哪儿了 ?

- **多会儿**

'어느 때', '언제'의 뜻으로 시간에 대한 물음을 나타낸다. '几时', 혹은 '什么时候'라고도 한다.

① 你多会儿到北京机场?
② 他来电话问我明天什么时候动身?
③ 我几时骗过你啊?

- **怎么, 怎样, 怎么样**

'어떻게', '왜', '어째서', '어떠한가'의 뜻으로 수단과 방법, 이유, 상태, 정도, 느낌 등에 대한 물음을 나타낸다.

① 火车站怎么走 ? (방법)
② 那个人怎么这么心狠手辣 ? (이유)
③ 你最近身体状况怎么样(怎样) ? (상태)

④ 我们怎样(怎么样)做才能扑灭虫害? (방법)

의문대명사는 때로 강조를 위해 반어적 표현으로 쓰인다. 부정문에서는 긍정의 뜻을 나타내고, 긍정문에서는 부정의 뜻을 나타낸다.

① 谁不知道他的情况! (부정문)
② 小孩子懂什么! (긍정문)
③ 哪里有这样的情况! (긍정문)
④ 我是开玩笑, 怎么他不知道! (부정문)

제7절 부사

【주요내용】

- 부사의 정의
- 부사의 종류:
  1) 시간부사 2) 정도부사 3) 범위부사 4) 빈도부사 5) 어기부사
  6) 긍(부)정, 가능부사
- 부사의 특징
- 상용 부사의 구별

1. 부사란 무엇인가?

부사란 동사나 형용사, 혹은 명사를 수식해 동작, 행위나 상태, 성질 등과 관계되는 정도, 범위, 시간, 빈도, 긍(부)정의 등의 상황을 나타내는 단어들의 부류이다.

① 我们**很**有信心完成这个任务! (정도)
② 学生们**都**精神抖擞喜气洋洋。(범위)
③ 我们**已经**打下了良好的基础。(시간)
④ 我这次真埋头读书, 成绩**却**不太理想。(어기)
⑤ 这件事我**再三**嘱咐过他。(빈도)
⑥ 后天我**必定**来帮你们的忙。(긍정)
⑦ 今天的客车**不**开了。(부정)

부사는 중국어 품사 중 비교적 다양하고 복잡하다. 따라서 부사를 공부할 때 유사한 부사간의 어법기능과 용법, 의미상 차이점을 잘 구별해야 한다.

2. 부사의 종류

1) 시간부사

已经, 曾经, 曾, 从, 从来, 向来, 历来, 刚, 刚刚, 终究, 终于, 正, 在, 正在, 才, 就, 就要, 快要, 将要, 渐渐, 逐渐, 居然, 果然, 竟然, 突然, 忽然, 偶然, 偶尔, 常, 常常, 经常, 时常, 一直, 一向, 往往, 始终, 顿时, 暂且, 即刻, 立刻, 马上, 赶紧, 赶快, 先, 早就, 早已 …등

2) 정도부사

很, 挺, 怪, 满, 太, 老, 远, 更, 顶, 最, 极其, 非常, 十分, 格外, 比较, 稍微, 稍稍, 略微, 略 …등

3) 범위부사

都, 全都, 总, 统统, 总共, 一共, 仅仅, 仅, 只, 单单, 单, 光, 净, 一起, 一齐 … 등

4) 빈도부사

又, 再, 重, 也, 还, 一再, 再三, 屡次 …등

5) 어기부사

可, 到(倒), 却, 竟, 岂, 偏, 难道, 莫非, 何必, 到底, 华竟, 究竟, 偏偏, 索性, 简直, 实在, 其实 …등

6) 긍(부)정, 가능 부사

不, 没有, 别, 勿, 莫, 必须, 必定, 必然, 也许, 或许, 大约, 大概, 恐怕, 可能… 등

3. 부사의 특징

(1) 부사는 실질적 의미를 갖지 못하므로 단독으로 대답에 사용할 수 없다. (단 '不', '没有', '也许', '一定'은 예외이다.)

(2) 부사는 동사나 형용사 앞에서 이들을 수식하며, 명사를 수식하지 못한다. (단, '只'나 '才', '还', '刚' 등과 같이 '단지', '겨우', '아직'의 의미를 나타내는 부사는 직접 명사(대부분 시간명사)를 수식할 수 있다.)

① 今天才星期三呢。
② 我来韩国到今天刚一年了。
③ 他还大学一年级呢。

(3) 일부 부사는 놓이는 위치에 따라 서술 중점이 달라진다. 즉 강조하고자 하는 말 앞에 놓인다.

① 他也许来。 (그는 아마 올 것이다.)

② 也许他来。 (아마 그가 올 것이다.)

③ 难道他能做出这种事?

(다른 사람도 아니고 그가 이런 일을 할 수 있겠느냐?)

④ 他难道能做出这种事?

(그가 다른 일도 아니고 이런 일을 할 수 있겠느냐?)

(4) 일부 부사는 접속사 역할을 하기도 한다.

① 说干就干。

② 这套衣服不大不小, 对我很合适。

③ 有十分的把握才做。

④ 小妹妹刚来就走。

⑤ 又快又好。

⑥ 环境越是艰苦, 意志越要坚定.。

(5) 부사는 주로 수식만 하며 다른 품사의 수식을 받지 못한다.

4. 상용 부사의 구별

1) 很, 挺, 怪, 满, 老

한국어의 '매우', '아주', '대단히' 등에 해당하는 말로, 주로 형용사 앞에 쓰여 정도가 높음을 나타낸다.

• 很

구두어나 서사어에 가장 많이, 그리고 보편적으로 쓰이는 정도부사로 거의 모든 경우에 해당한다 할 수 있다.

• 挺

주로 구두어에 쓰이며, 뒤에 '的'를 써서 호응할 수 있다.

① 那宝宝很可爱。 → 那宝宝挺可爱(的)。
② 这件衣服很干净。 → 这件衣服挺干净(的)。
③ 小妹讲得很有意思(的)。 → 小妹讲得挺有意思(的)。
④ 东北的冬天很寒冷。 → 东北的冬天挺寒冷。(×)
→ 东北的冬天挺冷(的)。

• 怪

주로 구두어에 쓰이며, '挺'보다는 조금 무거운 느낌을 준다. 뒤에 반드시 '的'를 써서 호응시켜야 한다.

① 今天天气怪冷的。
② 那孩子长得怪可爱的。

• 满

'满(蛮)'은 구두어에만 쓰이며, 주로 긍정적 의미의 형용사를 수식한다.

① 那个小子跑得满快。
② 他的学习成绩满好。
③ 你的汉语口音满标准。

보통 '满'은 '很'이나 '挺'으로 바꿀 수 있다.

• 老

'老'는 정도부사로 쓰일 때 '大, 远, 宽, 快' 등의 단음절 형용사를 수식하지만, '小, 近, 窄, 慢' 등의 단음절 형용사는 수식하지 못한다.

즉, 상대관계에 있는 단음절 형용사에서 **상대적으로 큰 쪽의 것만 수식**하며 작은 쪽의 것은 수식하지 않는다.

① 他们是从老远的地方来的。 → 他们是从老近的郊区来的。(×)
② 那条河老宽老宽的。 → 那条马路老窄老窄的。(×)
③ 你的胳膊老粗老粗的。 → 你的胳膊老细老细的。(×)

2) 顶, 最

'顶'과 '最'는 모두 '제일', '최고'의 최상급에 쓰이는 부사로 둘의 기본 용법은 같다고 할 수 있다. '顶'은 구두어에만 제한되어 쓰인다는 차이점이 있다.

① 我们三个人当中, 他顶小。 → 我们三个人当中, 他最小。
② 问题看得不要太复杂, 顶简单。 → 问题看得不要太复杂, 最简单。

3) 非常, 十分

'非常'과 '十分'은 모두 정도가 높음을 나타내는데, '十分'은 그 정도가 절정(100%)에 도달했음을 나타내고, '非常'은 정도가 '很'보다는 높음을 나타낸다.

그리고 '非常'의 앞에는 부정부사 '不'가 올 수 없어 '不非常'이라고는 못하며, '非常不'라고만 할 수 있지만, '十分' 앞뒤로 '不'를 다 쓸 수 있다.

非常 ----- 非常不 / 不非常 (×)
十分 ----- 十分不 / 不十分

① 这个古董品, 对我们家来说非常宝贵。
② 考古学非常重视现场调查研究。
③ 我们队半决赛上取得了胜利, 但决赛的状况十分艰难。
④ 妈趁着家活儿不十分忙的时候, 做个另外副业。

4) 很, 更, 最

① 今年的收成很好。(금년은 수확이 매우 좋다.)
② 今年的收成更好。(금년 수확이 더욱 좋다.)
③ 今年的收成最好。(금년 수확이 제일 좋다.)

예문 ①에서 '수확이 일반적으로 좋다'는 뜻이고, 예문 ②에서 '更'은 '다른 해와 상대 비교해 더 좋음'을 나타내며, 예문 ③의 '最'는 '여러 해와 비교해 가장 좋음'을 나타낸다. 예문 ①②③의 앞 문장 구성을 확대하면 구별이 분명해진다.

④ 去年的收成好,今年的收成很好。(×)
⑤ 去年的收成好, 今年的收成更好。
⑥ 近几年中, 今年的收成最好。

'更'과 '最'는 다른 대상과 비교하는 문장에 쓸 수 있지만, '很'은 그렇지 않다. 예문 ④⑤⑥을 비교문으로 만들어 구별하면 다음과 같다.

⑦ 今年的收成比去年很好。(×)

⑧ 今年的收成比去年更好。

⑨ 今年的收成比去年最好。(×)

'很'과 '最'는 개사 '比' 비교문에는 쓰지 못하나, '更'은 쓸 수 있다.

5) 有点儿, 稍微(稍稍), 比较

'有点儿', '稍微', '比较'는 정도가 그다지 높지 않음을 나타낸다. 한국어의 '좀', '약간', '비교적'에 해당한다.

① 他的情绪有点儿紧张。

② 你今天来得稍微晚了一点儿。

③ 他的表比较快。

'有点儿'은 다른 대상과 비교하는 문장에 쓰이지 못하지만, '稍微', '比较'는 비교문에 쓰일 수 있다.

④ 比较起来, 他的情绪有点儿紧张。(×)

⑤ 比较起来, 你来得稍微晚了一点儿。

⑥ 在我们几个人当中他跑得比较快。

'有点儿', '比较'는 개사 '比' 비교문에는 쓰지 못하지만, '稍微'는 '比' 비교문에 쓸 수 있다.

⑦ 他比我有点儿紧张。(×)

⑧ 你来得比我稍微晚了一点儿。

⑨ 他的表比我的比较快。(×)

6) 已经(已)，曾经(曾)

'已经'과 '曾经'은 동사 앞에 쓰여 동작이 끝났음을 나타낸다.

'已经'은 어떤 행동이나 변화가 완료되었거나 시간이 지나갔음을 나타내며, 때로는 미래 완료도 나타낸다. 한국어의 '이미', '진작', '벌써'에 해당한다.
'曾经'은 어떤 동작이 이전에 있었음을 나타낸다. 한국어의 '일찍이 ~였었다'나 '~한 적이 있다'에 해당한다.

① 我们已经上完了所有的工课。(과거완료)
② 明天这个时候他已经到北京。(미래완료)
③ 他曾经到过广州。 (과거완료경험)

'已经'은 흔히 동태조사 '了'와 호응되며, '曾经'은 주로 동태조사 '过'와 호응된다.

④ 我已经在这儿住了三年。(지금도 이곳에 살고 있다)
⑤ 我曾经在这儿住过三年。(지금은 이곳에 살고 있지 않다)

'已经'과 '曾经'은 모두 과거의 완료를 나타낼 수 있으나 차이가 있다.

⑥ 她已经结了婚。('그녀는 이미 결혼했다'는 말로서 지금 결혼한 상태)
⑦ 她曾经结过婚。('그녀는 결혼한 적이 있다'라는 말로 지금은 결혼한 상태가 아님)

'已经'은 이전에 있은 행동이나 행위가 지금도 지속되고 있음을 나타내고, '曾经'은 과거에 발생했던 일이 지금은 지속되고 있지 않음을 나타냄.

⑧ 我已经丧失了信心。(지금은 믿음이 없다)
⑨ 我曾经丧失了信心。(과거에는 믿음이 없었지만 지금은 생겼다)

7) 从来, 向来, 历来

'从来', '向来', '历来'는 모두 과거 어느 한 시점부터 현재까지라는 뜻으로 '지금까지', '여태껏', '줄곧' 등으로 해석된다.

• 从来
'从来'는 일부 경우를 제외하고는 대부분 부정문에 쓰인다.

① 他从来不隐瞒自己的观点。
② 他从来没有吃过这么好吃的菜。

• 向来
'向来'는 '从来'와 기본적으로 같으나 부정문보다는 긍정문에 많이 쓰인다.

① 他向来心直口快, 有什么就说什么。
② 他向来很老实。

• 历来
'历来'는 긍정문에만 쓰인다.

① 我国西北地区历来雨量稀少。
② 这个人历来忠诚老实, 可以信赖。
③ 我历来没有想过这些事情。(×)

8) 刚, 刚刚

'刚'과 '刚刚'은 '모두 시간, 동작, 행위가 방금 막 행해졌음'을 나타내며, 뜻과 용법이 거의 같다. 단 '刚'은 형용사 앞에도 쓰일 수 있으며, 이 경우 '正'으로 대체시킬 수 있으나, '刚刚'은 그렇지 않다.

① 我刚出门, 你就来了。
② 我刚刚出门, 你就来了。
③ 你来得刚好。 → 你来得正好。 → 你来得刚刚好。(×)

'刚'과 '刚刚'은 모두 수량사 앞에 쓰이며, '刚'은 '거의 수량이 모자라지 않음'을 나타내고, '刚刚'은 '수량이 겨우 된다'는 뜻을 나타낸다.

④ 行李刚二十公斤, 没有超重。 (20킬로그램이 된다)
⑤ 行李刚刚二十公斤, 没有超重。(20킬로그램이 겨우 된다)

9) 正, 正在, 在

'正', '正在', '在',는 동사 앞에서 동작의 진행이나 행위의 지속을 나타낸다.

① 小妹正写着作业呢。
② 小妹正在写作业。

③ 小妹在写作业。

• 正

'正'은 주로 짧은 시점과 상관관계의 문구에 쓰여 '막 …하고 있는 중이(었)다'의 의미로 많이 쓰이며, '着呢'와 호응할 수 있다.

正 + 동사/형용사 + 着 + 呢

① 我进去的时候, 他正看着报纸呢。
② 我正忙着呢。
③ 他正等着我呢。

단, 뒤에 개사 구조가 오면 '着呢'를 쓰지 않아도 된다.

④ 他们正在会议室开会。
⑤ 我到那儿的时后, 他正从楼上下来。
⑥ 火车正开往釜山。

• 正在

'正在'는 동작의 진행이나 상태의 지속을 나타내며, 기본적으로는 '正'과 같다.

正在 + 동사/형용사

① 母亲的病正在一天比一天好起来。

② 一轮红日正在从水平线上升起。

• 在

'在'는 동작의 진행이나 상태의 지속, 그리고 지속적, 반복적인 습관 등 비교적 긴 시간에 쓰인다. 그러므로 짧은 시간 내에 끝나는 동사는 수식하지 못하며, 비교적 지속 과정이 있는 동사를 수식한다.

① 经验报告正开始, 他们进来。 → 经验报告在开始, 他们进来。(×)
② 我正出门就碰上了高中的朋友。→ 我在出门就碰上了高中的朋友。(×)

10) 就要, 快要, 将要

'就要', '快要', '将要'는 모두 미래를 나타내 '～하려 한다'는 뜻으로 해석된다. '就要'는 '快要'보다 더 긴박하고 가까운 미래를 나타내며, '快要'는 '将要'보다 더 가까운 미래를 나타낸다. '将要'는 어기조사 '了'를 잘 쓰지 않지만, '快要', '就要'는 문장 끝에 반드시 '了'를 써야 한다.

① 我们**就要**毕业了。
② 我们**快要**毕业了。
③ 我们**将要**毕业。

'将要', '快要'는 앞에 시간을 나타내는 단어('已经', '都'는 예외)나 시간 상황어가 쓰이지 못하지만 '就要'는 이런 제한을 받지 않는다.

④ 上午八点半**就要**上课了。 → 上午八点半**快要**上课了。(×)
⑤ 你明天**就要**死了。 → 你明天**快要**死了。(×) → 你明天**将要**死。(×)

11) 果然, 居然, 竟然

'果然'은 예측하던 것과 결과가 일치해 '생각했던 데로', '과연'이라 해석되며, '居然'은 예측한 것과 결과가 일치하지 않는다는 말로 '생각과는 달리', '보기와는 달리'의 뜻이다. '竟然'은 뜻밖의 결과로 '전혀', '의외로', '뜻밖에'의 의미이다.

① 我早就听说他会唱歌, 他**果然**唱得蛮好。
② 我以为他不会唱歌, 他**居然**唱得蛮好。
③ 找你找了半天, **竟然**在这儿碰上。

'居然'은 간혹 '이렇게 하기 쉽지 않은데 이렇게 되었다'란 뜻을 나타낸다.

④ 他**居然**画得这么好, 真不错。
⑤ 他**居然**说这样的话, 真不应该。

12) 偶然, 偶尔(而)

'偶然'은 '우연히'란 뜻이며, '偶尔(而)'은 불규칙적으로 '이따금', '어쩌다가'의 뜻이다.

① 隧道施工的时候, **偶然**在这里发现了一座古墓。
② 已经夜深人静, **偶尔**听见婴儿啼哭声。
③ 远处, **偶然**传来轮船的气笛声。
④ 远处, **偶尔**传来轮船的气笛声。

예문 ③은 '우연히 기선의 기적 소리가 들려왔다'는 뜻이고, 예문 ④는 '이따금 기선의 기적 소리가 들려온다'는 뜻이다.

13) 就, 才

'就'와 '才'는 동사 앞에 쓰여 시간을 나타낸다. '就'는 동작, 행위의 시간이 빠르고 수량이 많음을, '才'는 시간이 늦고 수량이 적음을 나타낸다.

① 他前天就走了。
② 他前天才走了。
③ 他明天就走。
④ 他明天才走。
⑤ 我找一个钟头就碰上了他。
⑥ 我找一个钟头才碰上了他。

예문 ⑤에서 '就'는 '바로', '곧'이란 뜻을 나타내고, 예문 ⑥에서 '才'는 '겨우', '가까스로'라는 뜻을 나타낸다.

⑦ 他一天就能走八十里路。 → 他一天才能走八十里路。
⑧ 他一下子就修好了机器。 → 他一下子才修好了机器。(×)
⑨ 他好半天才能完成作业。 → 他好半天就能完成作业。(×)

예문 ⑦에서 '就'는 '많이 간다'는 뜻이며 '才'는 '적게 간다'는 뜻이다. 예문 ⑧에서 '一下子'는 '한꺼번에'라는 뜻을 가지고 있기 때문에 '就'와 호응되고 '才'와는 호응되지 않는다. 예문 ⑨에서 '好半天'은 '겨우'란 뜻이므로 '才'와 호응되며 '就'와는 호응되지 않는다.

14) 经常, 常常, 往往

'经常', '常常', '往往' 모두 동작이나 상황이 재차 발생됨을 나타낸다.

经常	'예외 없이', '항상'. 규칙적. 과거, 미래 다 가능. 시제조사 '了'를 쓰지 못함.
常常	'때때로', '자주'. 불규칙적. 과거와 미래 다 가능. 시제조사 '了'를 쓰지 못함.
往往	'～하곤 하다'. 습관적. 과거에만 사용. 시제조사 '了'를 쓸 수 있음.

① 小弟一有时间, 就经常到图书馆。
② 小弟一有时间, 就常常到图书馆。
③ 小弟一有时间, 就往往到图书馆。
④ 他经常帮助老母亲煮饭, 打扫。
⑤ 小弟常常读书读到深更半夜。
⑥ 他在上海的时候, 有空往往到外滩去兜兜风。
⑦ 我们经常开展了批评和自我批评。(×)
⑧ 我们在学习中常常遇到了很多困难。(×)
⑨ 他们往往忽略了这一点。

15) 又, 再, 重, 还

'又', '再', '重', '还'는 한국어의 '또'나 '다시', '더'에 해당하며, 각기 동사 앞에 쓰여 동작이나 행위의 중복과 반복, 지속을 나타낸다. 그러나 시제와 가리키는 대상에 차이를 보이고 있다.

① 这本书我又读了一遍。
② 这本书我再读一遍。
③ 这本书我重读(了)一遍。
④ 这本书我还要读一遍。

• **又, 再**

'又'는 과거 동작이나 행위의 반복・중복을 나타내며, '再'는 미래 동작・행위의 반복・중복을 나타낸다.

① 爷爷昨天又给我们讲了一个故事。
② 我明天再来回答大家提出的问题。

그러나 '又'가 미래의 중복을 나타내기도 한다. 이때는 '又' 앞에 가능부사 '也许, 兴许, 或许' 등이나 '又' 뒤에 능원동사 '要, 该, 可以' 혹은 판단동사 '是'가 쓰여야 한다.

③ 虽然这几年不时髦, 但过几年就也许又夏元。
④ 后天又要看电影了。 → 后天又看电影了。(×)
⑤ 冬天到了, 又该下雪了。
⑥ 明天又是星期天(了)。 → 明天再是星期天。(×)

• **重**

'重'은 반드시 같은 동작이 반복되는 경우에만 쓰이나, '又', '再'는 이런 제한을 받지 않는다.

① 你这首歌唱得满好, 重来一个。

예문① 에서 '重'은 동일한 대상의 반복을 나타낸다.

'重来一个' : 이미 부른 노래를 한 번 더 부를 것을 요청.
'再来一个' : '앵콜'의 뜻으로 동일한 노래를 더 부를 것을 요청하거나 또는 다른 노래를 부를 것을 요청.

• 还

'还'는 앞에 제시된 상황 외에 더 이어서 보충하는 경우를 말하며, 미래 시제에 쓰인다.

① 他昨天来过, 明天还来。
② 除此而外, 还有一件事要跟总经理商量。
③ 你已经买了不少, 还要买?

【참고】

'再'는 명령문에 쓰일 수 있지만 의문문에 적게 쓰인다. '又'는 의문문이나 서술문에만 쓰이며 명령문에 쓰이지 않는다. '还'는 미래 의문문이나 서술문에만 쓰인다.

예)
① 你明天再来!
② 你明天还来吗 ?
③ 他昨天又来了吗? → 他昨天还来了吗 ? (×)

16) 不, 没有

(1) '不'는 일반적으로 현재나 미래부정에 쓰이지만, '没有'는 주로 과거부정에 쓰인다.

① 我不出去了, 要在屋里看书。(미래)

② 卖瓜的不说瓜苦。(현재)

③ 他没有叫过一声苦, 没有说过一句怨言。(과거)

(2) '没有'는 한국어의 '못했다'로 풀이되어 '不能'의 과거부정이 될 수 있다.

① 我没有做作业。

예문 ①은 '숙제를 못하였다'는 객관적 원인과, '숙제를 하지 않았다'는 주관적 동기를 나타내는 두 가지 뜻을 나타낸다.

[참고]

주관적 색채가 농후한 동사 '知道', '懂' 등을 부정할 경우에는 '不'를 쓰고 '没有'를 쓰지 않는다. 예) 我也不知道。 → 我也没有知道。(×)

제8절 개 사

【주요내용】

- 개사의 정의
- 개사의 종류:

  1) 시간개사 2) 장소, 방향개사 3) 방법, 근거개사 4) 원인, 목적개사

  5) 대상개사 6) 비교개사
- 개사의 특징
- 상용개사의 구별

1. 개사란 무엇인가?

개사란 영어의 전치사와 같은 기능을 한다. 명사, 대명사, 단어결합 앞에 쓰여 개사구를 이루어 동사, 형용사를 수식하면서 시간, 장소, 방식, 목적, 원인, 대상, 비교 등을 나타내는 단어의 부류이다.

① 从开学以后, 我才交到了一个笔友。 (시간)
② 他在阅览室看书。(장소)
③ 按照豫定的计划, 我们应于七月初出发。(방식)
④ 为了写好这本书, 他查了很多资料。(목적)
⑤ 因为天气不好, 飞机改在明天起飞。(원인)
⑥ 我们对于任何问题都要作具体分析。(대상)
⑦ 他的热情比年轻人还高。(비교)

개사의 대부분은 동사가 변한 것이다. '关于, 被, 对于' 등은 개사로만 쓰이고, '在 ,到, 给, 比, 往, 向, 同' 등은 상황과 문맥에 따라 동사도 될 수 있고 개사도 될 수 있다. 그러므로 문장을 이해하고 분석할 때 주의해야 한다.

⑧ 他在家。(동사) → 他在家学习。(개사)
⑨ 你跟他比一比。(동사) → 你比他高。(개사)
⑩ 这个房间向南东。(동사) → 向日葵向东开。(개사)
⑪ 我给你一本书。(동사) → 我给你讲故事。(개사)

현대 중국어에서 개사는 용법이 매우 다양하므로 정확한 의미와 구체적인 용법, 특히 유사 개사간의 차이점을 파악하는 것이 개사 이해의 핵심이다.

2. 개사의 종류

1) 시간개사

从, 自从, 打, 到, 在, 当, 于, 趁, 乘, 随着 ……등

2) 장소, 방향개사

从, 自, 往, 朝, 向, 到, 在, 由, 沿着, 顺着, 于 ……등

3) 방법, 근거개사

按, 按照, 依照, 照, 按着, 经, 经过, 通过, 据, 根据, 以, 用, 凭 ……등

4) 원인, 목적개사

因, 因为, 由于, 为, 为了, 为着, 替 ……등

5) 대상개사

对, 对于, 关于, 至于, 和, 跟, 同, 与, 给, 叫, 让, 把, 将, 除, 除了 ……등

6) 비교개사

比, 没有

3. 개사의 특징

(1) 개사는 단독으로 사용되지 못하며, 반드시 명사, 대명사 및 구 앞에 놓여 개사구를 형성해야 된다.

① 小学从四年级开始增设了常识课。(명사 앞)
② 从这儿到北京坐飞机得多长时间? (대명사 앞)
③ 关于海外同胞问题, 我们要认真地研究。(개사구 앞)

(2) 개사는 중첩하지 못하며, 개사 뒤에는 시제조사 '着, 了, 过'를 쓰지 못한다. 개사 중 '为着', '为了', '除了', '本着', '沿着', '顺着' 등의 '着', '了'는 시제조사가 아니라 개사의 구성성분으로서 문법적 의미가 없다.

4. 상용 개사의 구별

• 从, 在

'从', '在'는 주로 시간과 장소 앞에 쓰이며 한국어의 '～에서'에 해당되는 경우가 있어 간혹 혼동을 일으키기도 한다. 이 둘의 차이점을 구분해보면 다음과 같다.

(1) '从'은 주로 동작이나 행위가 진행・시작되는 기점 또는 출처, 통과 장소를 나타내며, '～에서', '～부터', '～로' 등으로 해석된다. 공간이동을 나타내므로 뒤에 '来'나 '去' 등 이동을 나타내는 동사와 호응한다.

从 + 장소 + 来(去)

'在'는 주로 동작이나 행위가 발생되는 장소를 나타내며 '～에서'로 해석된다. 고정된 공간에서 하는 동작・행위를 나타내므로 뒤에 '来'나 '去'와 호응하지 않는다.

在 + 장소 + 동사

① 我刚从学校回来。(기점)
② 苹果从树上掉下来。(출처)
③ 他也许从这条路逃走。(통과 장소)
④ 我就在学校学习。(장소)

(2) '从'은 시간 앞에 쓰여 동작・행위가 일어난 시점을 나타내어 '언제부터'

의 의미로, '在'는 '언제에'의 의미로 쓰인다.

① 从九点开始上课。
② 人在生病的时候, 常常想念亲人。

(3) '在'는 범위사나 방위사 앞에 쓰여 범위, 방면, 조건 등을 나타낸다.

① 在我们系的同学当中, 戴隐形眼镜的占一半。(범위)
② 他在学习上的进步是很快的。(방면)
③ 在老师和父母的帮助之下, 他的成绩很有进步了。(조건)

• 自, 自从

'自'는 '从'과 마찬가지로 시간이나 장소의 기점을 나타내나 주로 문어체에 많이 쓰이며, '自从'은 과거시간의 기점에만 쓰인다.

① 慰问信自全国各地纷纷寄来。
② 自从五月以后, 我就没收到他的信到。

예문 ②에서 '自从'은 과거시점이므로 사용이 가능하다.

• 由, 从

(1) '由'와 '从'은 시간, 장소, 숫자의 기점이나 사물의 발전 변화, 통과를 나타낼 때는 대체해 쓸 수 있다.

① 学生由会场出来。
→ 学生从会场出来。(장소기점)
② 我们系由今年开始招收博士研究生。

→ 我们系从今年开始招收博士研究生。(시간)

③ 小孩真不知道由蝌蚪变成青蛙。

→ 小孩真不知道从蝌蚪变成青蛙。(발전변화)

④ 煤日产由一百吨提高到一百六十吨。

→ 煤日产从一百吨提高到一百六十吨。(숫자)

⑤ 由边门出去。

→ 从边门出去。(통과)

(2) 사물의 구성성분, 재료 등을 나타낼 때는 '由'를 쓰며 '从'으로 바꾸지 못한다.

① 这蓝球队是由职员和学生组成的。(구성성분)

→ 这蓝球队是从职员和学生组成的。(×)

② 水是由两份氢和一份氧合成的。(구성성분)

→ 水是从两份和一份氧合成的。(×)

③ 葡萄酒是由葡萄酿成的。(재료)

→ 葡萄酒是从葡萄酿成的。(×)

(3) 행위의 주체나 책임자를 나타낼 때 '由'를 쓰고 '从'은 쓸 수 없다.

① 这项工作主要由他具体负责。(행위의 주체)

→ 这项工作主要从他具体负责。(×)

② 运输问题由他们解决。(책임자)

→ 运输问题从他们解决。(×)

• 当, 在

(1) '当'은 어두에서 행위・동작의 발생 시간을 나타낸다. 단 '当'은 주술적 단어 결합과 뒤에 시간사가 올 때만 쓸 수 있다. '在'는 이러한 제한이 없다.

当 + 주술적 단어결합 + 시간사

① 当我到机场的时候, 他们已经登机了。
② 当他回来以后, 我们要他帮我们做饭。
③ 当我毕业那一年, 哥哥从外地回来了。
④ 当入学的那一天, 我亲自去见班主任。(×)
(주술적 결합이 아님.)
→ 在入学的那一天, 我亲自去见班主任。

(2) '当'과 '在'는 흔히 '时(的时候)', '以前(之前)', '以后(之后)' 등과 호응되어 '当(在)～时(的时候), 当(在)～以前(之前)', '当(在)～以后(之后)' 등의 형식을 이룬다.

① 当我进房时 → 当我进房的时候 → 当我进房的时 (×)

※ '的时候'라고 쓰든지 아니면 '时'만 써야 한다. '当～的时' 형식은 존재하지 않음.

• **沿着, 顺着**

'沿着', '顺着'는 장소를 나타내는 말과 결합하여 동작・행위의 경로를 나타낸다. 한국어의 '～를 따라서'에 해당된다.

① 队伍沿着大道継续前进。 → 队伍顺着大道継续前进。

② 雪撬**沿着**冰雪覆盖的山坡飞快地滑行。

→ 雪撬**顺着**冰雪覆盖的山坡飞快地滑行。

단, '沿着'는 구체적이거나 추상적인 경로에 다 사용할 수 있지만, '顺着'는 추상적인 경로에는 사용할 수 없다.

③ **沿着**资本主义大道阔步前进。 → **顺着**资本主义大道阔步前进。(×)

- **按，按照(按着)，依(照)**

'按', '按照(按着)', '依照', '遵照'는 동작이나 행위를 진행하는 규정이나 방식, 조건, 근거에 따름을 나타내며, 한국어의 '～에 따라', '～에 의해', '～에 비추어' 등에 해당된다.

① **按**现在的速度, 我们三点以前可以到达。
② 历史是**按照**客观规律发展的。
③ **按着**图纸施工。
④ **遵照**政府指示, 正在落实各项政策。

이들 단어의 쓰임은 다음과 같다.

(1) '按'은 단음절사나 다음절사와 다 결합할 수 있으나, '按照(着)'는 단음절사와는 결합할 수 없다. ('按时上课', '按期举行', '按年龄分组' 등)

① **按**劳分配。 → **按照**劳分配。(×)
② **按**劳动量计算。 → **按照(着)**劳动量计算。

(2) '依', '依照'는 일반적으로 '按', '按照'의 예와 같다. 법률 조항에는 '依照'가 쓰이며 '按照'는 잘 쓰이지 않는다. ('依我所知', '依照目前之情况' 등)

① 依照宪法规定，中国少数民族都有使用本民族语言和文字的自由。

• **向, 朝, 往**

'向', '朝', '往'은 동작의 방향을 나타낸다.

① 她的嘴角微微向上挑起，好象在微笑。
② 大门儿是朝东开的。
③ 从这儿一直往东走，看见十字路口再往南走就到了。

(1) 동작・행위의 주체가 어떤 방향으로 위치를 이동할 때 '向', '朝', '往'을 서로 바꾸어 쓸 수 있다.

① 那个人向大门走去。 → 那个人朝大门走去。→ 那个人往大门走去。
② 我们的队伍现在要朝北走。→ 我们的队伍现在要向北走。
→ 我们的队伍现在要往北走。

(2) '向'과 '往'은 단음절 동사 뒤에 쓸 수 있으나, '朝'는 쓸 수 없다.

① 这条马路通向广场。→ 这条马路通往广场。
→ 这条马路通朝广场。 (×)
② 他们走向工地。→ 他们走往工地。→ 他们走朝工地。(×)

(3) '往'은 뒤에 반드시 방향사가 오며, 보통명사인 경우는 장소화 시킨다.

그러나 '向'과 '朝'는 이러한 제한이 없다.

① 小李朝着大伙微笑。→ 小李向着大伙微笑。→ 小李往大伙微笑。(×)
② 车厢的人向我招手。→ 车厢的人朝我招手。→ 车厢的人往我招手。(×)
③ 老师向我点头。→ 老师朝我点头。→ 老师往我点头。(×)
④ 你朝我看。→ 你朝我这儿看。→ 你往我看。(×) → 你往我这儿看。

• 为, 为了, 为着

'为', '为了', '为着'는 모두 목적을 나타내어 한국어의 '～를 위하여'로 번역되며, '为'는 원인도 나타내어 '～때문에'라고도 풀이된다.

① 我们为共同目标奋斗到底。→ 我们为了共同目标奋斗到底。
→ 我们为着共同目标奋斗到底。
② 我们为了一个同样的目标走到一起来了。→ 我们为一个同样的目标走到一起来了。→ 我们为着一个同样的目标走到一起来了。(×)
('为着'는 과거문에는 쓸 수 없다.)

• 由于

원인·이유를 나타낸다. 한국어의 '～때문에', '말미암아'의 의미이다.

① 由于计划的变更, 设计要修改。
② 他没回答上来是由于没听懂你的问题。

• 对, 对于

'对' '对于'는 모두 대상을 나타낸다. 한국어의 '～에 대하여'에 해당한다. '对于'를 써서 대상을 나타내는 문장에서는 '对'를 대신해 쓸 수 있지만, '对'를 써서 대상을 나타내는 문장에서는 '对于'를 쓰지 못하는 경우가 있다.

(1) 사람과 사람과의 관계를 나타낼 때 일반적으로 '对'를 쓰고 '对于'는 쓰지 않는다.

① 我们对人民负责。 → 我们对于人民负责。(×)
② 他对别人总是十分冷漠。→ 他对于别人总是十分冷漠。 (×)
③ 他对你说了些什么? → 他对于你说了些什么? (×)

(2) '对于' 능원동사나 부사 앞에만 쓰이나 '对'는 앞뒤 모두 쓸 수 있다.

① 我们决不能对困难低头。 → 我们决不能对于困难低头。(×)
능원동사 능원동사
② 我们会对这件事作出安排的。 → 我们对这件事会作出安排的。
능원동사 능원동사
→ 对于这件事, 我们会作出安排的。→ 我们会对于这件事作出安排的。(×)
능원동사 능원동사
③ 大家都对这个问题很感兴趣. → 大家对这个问题都很感兴趣.
부사 부사
→ 对于这个问题,大家都很感兴趣。→ 大家都对于这个问题很感兴趣。(×)
부사 부사

• 对于, 关于

(1) 연관이나 대상을 나타낼 때 '对于'나 '关于'를 두루 쓸 수 있다.

① 对于这个问题, 我没有发言权。 → 关于这个问题, 我没有发言权。

(2) '对于'는 주어 앞・뒤에 모두 올 수 있지만, '关于'는 주어 앞에만 놓인다.
① 对于信息处理, 我知道得很少。 → 我对于信息处理知道得很少。
② 关于信息处理, 我知道得很少。 → 我关于信息处理知道得很少。(×)

제9절 접속사

【주요내용】

- 접속사의 정의
- 접속사의 종류 :

  1) 병렬 접속사 2) 연관 접속사 3) 점진 접속사 4) 선택 접속사
  5) 전환 접속사 6) 가정 접속사 7) 양보 접속사 8) 조건 접속사
  9) 인과 접속사 10) 목적 접속사
- 접속사의 특징
- 상용 접속사의 구별

1. 접속사란 무엇인가?

접속사란 단어나 구, 혹은 문장을 연결하는 것으로, 두 부분 사이의 어떤 관계를 설명하는 단어들의 부류이다.

① 导游已经把要注意的事情告诉了我**和**他。

② 做操**或者**跑步都能锻炼身体。

③ 中国苏州丝绸**不但**式样美观, **而且**价格也便宜。

④ 这里风景很好, 还有不少名胜古迹, 很值得看看,
但是你们要早点儿回来, 进城的末班车是五点。

예문 ①에서 '和'는 두 단어를 이어주며, 예문 ②에서 '或者'는 두 단어 결합을, 예문 ③에서 '不但…而且'는 두 절을, 예문 ④에서 '但是'는 두 개 문장을 이어준다.

현대 중국어에서 접속사는 문장 내부의 논리적인 관계를 나타내는데 없어서는 안 되는 중요한 품사이다. 어떤 접속사를 사용하는 가에 따라 앞뒤의 다양한 연관관계를 나타낼 수 있다.

예) 天下雨, 运动会延期举行。

→ ① 因为天下雨, 所以运动会延期举行。(원인)

→ ② 如果天下雨, 运动会就延期举行。 (가정)

→ ③ 既然天下雨, 运动会就延期举行。(원인)

→ ④ 只要天下雨, 运动会就延期举行。(조건)

위의 예문에서 '天下雨'와 '运动会延期举行' 사이에 각각 다른 접속사를 써서 다양한 연관 관계를 나타낼 수 있다. 또한 동일한 연관 관계라 할지라도 다른 접속사를 사용함에 따라 의미에 차이가 생길 수 있다.

① 只要经常锻炼身体, 才会增强体力。(×)

→ 只要经常锻炼身体, 就会增强体力。

② 如果路比较远, 可是坐汽车去还是很快就可以到的。(×)

→ 虽然路比较远, 可是坐汽车去还是很快就可以到的。

접속사는 상관되는 결합 가운데서 단독으로 쓰일 수도 있고, 접속사와 접속사, 접속사와 부사가 서로 호응되어 쓰일 수도 있다. 서로 호응되어 쓰일 때 나타내는 논리적 관계에 주의해야 한다. 만일 전후가 호응되지 않으면 논리적 관계를 정확히 반영할 수 없다.

2. 접속사의 종류

1) 병렬 접속사

和, 跟, 同, 与, 及, 以及, 并, 并且, 而, 而且

2) 연관 접속사

于是, 从而, 进而

3) 점진 접속사

而且, 并且, 不但, 不仅, 不光, 不单, 不只, 尚且, 况且, 而况, 何况, 甚至

4) 선택 접속사

或, 或者, 或是, 还是, 与其, 宁可, 宁愿, 宁肯

5) 전환 접속사

但是, 可是, 然而, 虽然, 尽管, 固然, 可, 还是, 只是, 不过, 反而, 倒, 却

6) 가정 접속사

如, 如果, 假若, 假如, 若是, 倘若, 万一, 要是, 不然

7) 양보 접속사

虽然, 固然, 即使, 即便, 就算, 哪怕, 纵然, 尽管

8) 조건 접속사

只要, 只有, 除非, 无论, 不论, 不管, 任凭, 管

9) 인과 접속사

因, 因为, 由于, 因此, 因而, 所以, 既, 既然

10) 목적 접속사

以便, 以免, 省得, 免得

3. 접속사의 특징

(1) 연결 작용만 하므로 단독으로 사용할 수 없다.
(2) 접속사는 단어와 단어, 단어 결합과 단어 결합, 절과 절 등을 연결시킬 뿐, 수식이나 보충 작용을 하지 못한다.
(3) 위치가 비교적 자유롭다.

예) 如果你去, 我就去。 → 你如果去, 我就去。

4. 상용 접속사의 구별

• 和, 跟, 同, 与

'和', '跟', '同', '与'는 모두 접속사와 개사의 기능을 갖고 있다. 접속사인 경우는 병렬관계를 나타내며, 한국어의 '와' 또는 '과'에 해당된다. 주로 단어와 구를 연결시킨다.

'和'는 주로 접속사로 쓰이며 개사로도 쓰인다. 세 개 이상의 단어나 구가 연결되면 맨 뒤의 단어나 구 사이에 놓인다. 명사, 대명사뿐 아니라 동사, 형용사도 연결한다.

① 老师**和**同学都赞成这么做。(접속사)
② 他的话是那样明确**和**有力。(접속사)
③ 事情还要进一步调查**和**了解。(접속사)
④ 铁, 石头**和**金子都是固体。(접속사)
⑤ 你**和**大家说说自己的想法。(개사)
⑥ 有事要**和**群众商量。(개사)

'跟'은 구두어에 쓰이는데, 주로 개사로 쓰이고 접속사로도 쓰인다. 명사, 대명사를 연결하며 동사, 형용사는 연결하지 못한다.

① 你们班**跟**他们班都是先进班。(접속사)
② 小李**跟**我都是山西人。(접속사)
③ 铅笔**跟**橡皮你都搁在哪儿去了? (접속사)
④ 我**跟**他借一本书。(개사)

⑤ 我跟你一起去。(개사)
⑥ 我跟同学学游泳。(개사)

'同'은 서사어로 쓰이는데, 주로 개사로 쓰이고 때로는 접속사로도 쓰인다. 명사, 대명사를 연결하며 동사, 형용사는 연결하지 못한다.

① 化肥同农药已运到。(접속사)
② 我同小王都住在学校。(접속사)
③ 妹妹同姐姐相反, 学得更好。(개사)
④ 我们同当地科研机构合作, 取得了很大的成绩。(개사)

'与'는 서사어에 쓰이는데, 주로 접속사로 쓰이며 서명(书名)이나 글 제목에 많이 쓰인다. 개사로 쓰이는 경우도 있다.

① 应该开发批评与自我批评。(접속사)
② 人群是何等兴奋与激动。(접속사)
③ 目前的情况与去年不同。(개사)
④ 我们与困难作斗争。(개사)

위의 예문에서 '和' '跟' '同' '与'는 모두 상황과 문맥에 따라 접속사와 개사의 경우로 구별하였다. 그러나 이들의 확실한 구별법은 병렬된 두 단어의 위치를 서로 바꾸어 의미가 바뀌지 않으면 접속사이고, 의미가 바뀌면 개사이다.

① 那本书, 我和你都看过。→ 那本书, 你和我都看过。(접속사)
② 你看, 那个胖子跑的速度跟走的速度差不多。(개사)

예문 ①에서 '和'는 접속사다. '我和你'는 병렬적 관계를 이루므로 이를 '你和我'로 바꾸어도 뜻이 변하지 않는다.

예문 ②에서 '跟'은 개사이다. '胖子의 뛰는 속도는 걷는 속도와 비슷하다'라고 번역된다. 이 문장은 뚱보가 느리게 뛴다는 뜻으로 만약 '跑的速度'와 '走的速度'의 위치를 바꾸면 '걷는 속도가 뛰는 속도와 비슷하다'는 말로 매우 빠르다는 의미가 된다. 따라서 위치를 바꾸면 의미가 상반되게 되므로 이곳의 '跟'은 개사가 된다.

세 개 이상의 대상이 병렬될 경우 접속사 '和'는 맨 끝에 병렬된 단어 앞에 쓰지만 '跟', '同', '与'는 이렇게 쓰지 못한다.

① 北京, 天津, 上海和广州我都去过。
② 爸爸, 妈妈和哥哥都不在家。

> **[참고]**
> 중국 언어 학계에서 '和'는 접속사로 '跟'과 '同'은 개사로 쓰자는 주장도 있다.

- **和, 及, 以及**

접속사 **'和'**는 대등한 단어 결합을 연결시켜주므로 '和' 앞뒤의 명사나 명사적 단어 결합을 서로 바꿀 수 있다.

'及'는 일반적으로 내용의 비중이 앞쪽으로 치우친 구조의 결합을 이어주거나 앞뒤의 순서가 매겨진 것을 이어주므로, '及' 앞뒤의 단어 위치를 바꿀 수 없다.

'以及'도 '及'와 마찬가지로 순서가 있고, 경중이 있는 구조의 결합이나 절을 이어준다.

① 爸爸, 妈妈和哥哥都不在家。

② 钢铁, 煤炭, 石油及其他工业生产计划完成较好。

③ 文具行卖墨水, 钢笔, 橡皮, 圆规及其他文具用品.。

④ 本站经销电视机, 收音机, 手机以及各种零件。

⑤ 他问了我许多问题：那里的气候怎么样, 生活过得惯不惯, 以及当地的老乡对我们怎么样等等。

예문 ①에서 '和'의 앞뒤 대상을 서로 바꾸어도 뜻은 변하지 않지만, 습관상 서열이 높은 것에서 낮은 것의 순서로 이야기한다. 예문 ②③④⑤에서 '及', '以及' 뒤는 주로 부차적인 것을 나타낸다.

• **并, 并且, 而, 和**

'并', '并且', '而'은 '和' 처럼 동사나 형용사를 연결하며 점층 관계를 나타낸다.

'并'은 주로 동사를, '并且'는 동사나 형용사를, '而'은 주로 형용사를 이어준다. '和'는 동사와 형용사를 다 연결할 수 있다.

① 他迅速地并准确地回答了问题。

② 业余学习一定要组织起来, 并且坚持下去。

③ 这间房子宽敞并且明亮。

④ 文章长而空固然不好, 短而空也不好。

'并'이 동사를 연결할 경우 그 용법은 '并且'와 같다. '并且'가 두 음절로 된 형용사를 이어줄 경우는 '而'과 같다. '并'은 '并且'로 대체할 수 있으나 '并且'는 '并'으로 다 바꿀 수 있는 것은 아니다.

'和'가 두 음절로 된 동사를 연결할 때는 반드시 목적어가 동일해야 한다.

⑤ 政府提倡和推行计划生育。

⑥ 他们讨论和通过了有关决议。 → 他们讨论并通过了有关决议。

⑦ 要保持并发扬传统文化.。 → 要保持和发扬传统文化。

⑧ 会议讨论了改革的问题和通过了有关决议。(×)

⑨ 乘务员同志不顾疲劳协助旅客整理卧具和带领我们下车。(×)

예문 ⑧에서 '讨论'의 목적어와 '通过'의 목적어가 각기 다르기 때문에 '和'를 쓰지 못하며, 예문 ⑨에서도 '整理'와 '带领'은 다른 목적어를 갖고 있으므로 '和' 대신 '并且'를 써야 한다.

제10절 조사

【주요내용】
- 조사의 정의
- 조사의 종류 :
  1) 구조조사 2) 시태조사 3) 어기조사 4) 비교조사
- 상용 조사의 구별

1. 조사란 무엇인가?

조사란 단어나 단어 결합, 문장에 문법적 의미를 더해 주는 단어의 부류이다. 중국어의 조사는 다른 문법적 관계를 나타내는 단어들의 집합체로서 단독으로 쓰이지 못한다.

① 新时代的儿童多么幸福。
② 他冷冷地笑了一笑。
③ 这里的条件比那儿好得多。
④ 我所知道的就是这些。
⑤ 草地上盛开着各种各样的野花。
⑥ 我只看了他一眼。
⑦ 他曾经去过釜山。
⑧ 我现在明白他的意思了。
⑨ 你现在上哪儿去呢？
⑩ 他早就走啦。

예문 ①②③④와 같이 '的', '地', '得', '所'는 주로 수식 성분과 피 수식 성분 사이에 쓰여 구조 관계를 나타낸다. 예문 ⑤⑥⑦과 같이 '着', '了', '过'는 주로 동사 뒤에 쓰여 동작이나 행위의 상태를 나타내며, 예문 ⑧⑨⑩처럼 '了', '呢', '啦'는 문장 끝에 쓰여 말의 어기를 나타낸다.

2. 조사의 종류

1) 구조조사

的, 地, 得, 所

2) 시태조사

着, 了, 过, 来着

3) 어기조사

呢, 吗, 吧, 啊, 的, 啦, 呗, 罢, 了, 而已, 着呢

4) 비교조사

似的, 一样

3. 상용 조사의 구별

• 的

'的'는 주로 한정어와 피한정어 사이에 쓰여 수식 관계를 나타낸다.

① 我们又发现了新的情况。 → 我们又发现了新情况。
② 这是我的妹妹。 → 这是我妹妹。
③ 我们迎来了科学的春天。 → 我们迎来了科学春天。(×)
④ 这是你的问题, 不是他的问题。 → 这是你问题, 不是他问题。(×)
⑤ 我不会忘记这次的实习。 → 我不会忘记这次实习。

위의 예문에서처럼 '的'의 사용 여부에 따라 바른 문장과 그렇지 않은 문장이 있을 수 있으므로 사용상 주의해야 한다.

(1) 한정어와 명사로 된 피한정어가 이미 굳어져서 하나의 단어처럼 된 경우에 일반적으로 '的'를 쓰지 않는다.

思想方法　经济政策　语言教学　日语讲座
救护设备　绝对真理　人造卫星　铸造车间

그러나 한정어와 피한정어가 어떤 소유나 소속 관계를 나타낼 때는 한정어와 피한정어 사이에 '的'를 써야 한다.

弟弟的书包 → 弟弟书包 (×)
爸爸的眼镜 → 爸爸眼镜 (×)

同学们的情况　　→　　同学们情况　　(×)

⑵ 타동사가 한정어로 쓰인 경우에는 '的'를 써야 한다.

发表的论文　研究的问题　学习的理论　买的书　提出的意见　批评的人

만일 동사 한정어 앞에 부사가 쓰이면, 동사 한정어 뒤에 '的'를 쓴다.

参考资料 → 不参考资料 (×) → 不参考的资料
参观地点 → 已经参观地点 (×) → 已经参观的地点

⑶ 단음절 형용사가 한정어로 쓰일 경우 일반적으로 '的'를 쓰지 않으나, 강조할 때에는 쓸 수 있다.

① 新风尚和旧习惯要加以区别。
② 这不是旧习惯, 就是新风尚。
　→ 这不是旧的习惯, 就是新的风尚。 (강조)

중첩형용사가 한정어로 쓰였거나 일반 형용사의 앞에 부사가 쓰이면 '的'를 써야 한다.

弯道 → 弯弯的道路 → 弯弯道路 (×)
长脸 → 长长的脸 → 长长脸 (×)
干净(的)教室 → 干干净净的教室 → 干干净净教室 (×)
糊涂人 → 糊里糊涂的人 → 糊里糊涂人 (×)
好事情 → 很好的事情 → 很好事情 (×)

大房子 → 不大的房子　→ 不大房子 (×)

⑷ 인칭대명사 한정어가 소속 관계를 나타낼 경우 한정어 뒤에 '的'를 쓴다.

你的意见　→ 你意见 (×)
他的申请书 → 他申请书 (×)
我的想法　→ 我想法 (×)

피한정어가 집합명사일 경우 인칭대명사 뒤에 '的'를 쓰지 않아도 된다.

他们的国家 → 他们国家　　我们的单位 → 我们单位

인칭대명사 한정어가 친족을 나타내는 명사를 수식할 경우 흔히 인칭대명사 뒤에 '的'를 쓰지 않는다.

他的娘 → 他娘　　我的父亲 → 我父亲　　你的弟弟 → 你弟弟

• 地

'地'는 상황어와 술어 사이에 쓰여 수식관계를 나타낸다. 과거 일부 저서에서는 '的'와 '地'를 따로 나누지 않고, '地'를 '的'에 포함시켜 쓰기로 하였다. 그러나 현행 출판물에서는 '的'와 '地'를 대부분 구분하여 쓰고 있으므로 그 용법상의 차이를 분명히 알아야 한다.

일반적으로 말해 피수식어가 문장에서 술어가 되면 피수식어 앞에 '地'를 쓰고, 피수식어가 문장에서 주어나 목적어가 되면 피수식어 앞에 '的'를 쓴다.

① 挖掘潜力, 彻底**地**解决了人力不足的问题。
② 彻底的解决, 有待于大家的努力。
③ 人力不足的问题已经彻底**地**解决了。
④ 人力不足的问题已经得到彻底的解决。

예문 ①과 ③에서 '解决'가 문장의 술어이므로 '解决' 앞에 '地'를 썼고, 예문 ②, ④에서 '解决'는 각각 문장의 주어와 목적어이므로 '解决' 앞에 '的'를 썼다.

'地'의 구체적인 용법은 다음과 같다.

(1) 단음절 형용사가 상황어로 쓰이면 형용사 뒤에 '地'를 쓰지 않는다.

快走　大叫　小跑　高喊　低飞　猛打

이음절 형용사가 상황어로 쓰여 뒤에 술어와 자주 결합하는 경우에는 형용사 뒤에 '地'를 쓰지 않아도 되지만, 그렇지 않은 것은 형용사 뒤에 '地'를 써야 한다.

认真(地)研究　详细(地)谈　迅速(地)转移　严肃(地)处理
兴奋地说 → 兴奋说 (×)

중첩형용사가 상황어로 쓰이면 형용사 뒤에 '地'를 써도 되고 쓰지 않아도 된다.

慢慢(地)走　好好(地)学习　高高兴兴(地)回去　仔仔细细(地)读完

형용사 앞에 부사가 쓰여 상황어가 되면 상황어 뒤에 '地'를 쓴다.

很出色**地**完成　最清楚**地**看到　极大的鼓舞

(2) 명량사가 중첩되어 상황어로 쓰이면 수량사 뒤에 '地'를 써야 한다. 그러나 동량사가 중첩되어 상황어로 쓰이면 수량사 뒤에 '地'를 써도 되고 쓰지 않아도 된다.

一群一群**地**回来　一件件**地**解决　一条条**地**写
一遍一遍(**地**)谈　一次一次(**地**)调查　一次次(**地**)解释　一步步(**地**)走

- 得

'得'는 동사나 형용사 술어와 보충어 사이에 쓰인다.
(그러나 술어와 보충어 사이에 반드시 '得'를 써야 되는 것은 아니다.)

① 你做好跳的准备。　→　你做得好跳的准备。(×)
② 这个东西好极了。　→　这个东西好得极了。(×)
③ 他的字迹清楚得很。　→　他的字迹清楚很。(×)

예문 ①과 ②에서 술어와 보충어 사이에 '得'를 쓰지 못하며, 예문 ③에서는 술어와 보충어 사이에 반드시 '得'를 써야 한다.

'得'의 구체적인 용법은 다음과 같다.

(1) 방향동사가 보충어로 쓰일 때 동사와 방향동사 사이에 '得'를 써서 가능을

나타낸다.

说出 → 说得出　　　　　走进去 → 走得进去
爬上去 → 爬得上去　　　飞上去 → 飞得上去

(2) 의문대명사 '怎样', '怎么样'이나 중첩 형용사가 결과 보충어로 쓰이면 보충어 앞에 '得'를 쓴다.

做得怎样　打得怎么样　坐得满满的　打扫得干干净净

(3) 정도를 나타내는 단어나 단어결합이 보충어로 쓰일 때 보충어 앞에 '得'를 쓴다.

好得很　憋得慌　热得要命

(4) 상태를 나타내는 단어나 단어 결합이 보충어로 쓰일 때 보충어 앞에 '得'를 쓴다.

修得又快又好　跑得很快　激动得流泪　说得非常好

• 所

'所'는 타동사 앞에 쓰여 타동사가 명사의 수식어로 되게 한다. '所'와 결합된 동사와 피수식어인 명사는 의미상 술목(술어+목적어)의 결합관계여야 한다.

① 我们所说的话都要向大家负责。

② 我校所学习的学生都是韩籍学生。(×)

예문 ①에서 '所说的'는 '话'의 수식어가 되며 의미상으로 '说话'는 술목 결합관계를 이룬다. 예문 ②에서 '所学习的'는 '学生'의 수식어가 되지만, 의미상에서 '学习学生'은 술목 결합관계를 이루지 못하므로 '所'를 쓰지 못하고 '我校学习的学生'이라 해야 한다.

③ 中午十二点以前, 所请的人都到了。
④ 他是我们所熟悉的一位老师。
⑤ 这是我们所努力的结果。(×)
⑥ 最近所出品的新制品深受欢迎。(×)

예문 ⑤에서 '努力'는 자동사이므로 '所'를 쓸 수 없다. 예문 ⑥에서 '出品'은 자체가 술목 결합관계이기 때문에 '出品'을 '生产'으로 고쳐야 한다.

• 了

'了'는 문장에서의 기능과 결합관계에 따라 시제조사와 어기조사로 나눈다.

◉ 시제조사 了

시제조사 '了'는 동사 뒤에 쓰여 동작이 완료되었음을 나타낸다. 동사가 목적어를 가지면 '了'는 동사 뒤 목적어 앞에 쓰인다.

현대 중국어에서 동작의 완료와 시간의 과거는 다른 개념이다. 중국어에서 시간 개념은 주로 시간명사, 시간부사로 나타내는 것 외에 단어와 단어의 결합 관계 또는 문맥을 통해 나타내기도 한다.

① 我已经通知了小张。(과거)
② 去年, 我们办了两期短训班。(과거)
③ 上星期五下雨, 所以我没有回家。(과거)
④ 明儿下了课, 我们一块儿去。(미래)
⑤ 到了春天, 映山红要开了。(미래)

예문 ①, ②에서 '已经', '去年'은 동작의 완료를 나타내는 '通知了', '辩了'와 호응하고 있다. 그러나 과거시제라 해도 동작동사 뒤에 꼭 '了'를 써야 하는 것은 아니다. 예문 ③은 과거시제지만 과거부정사 '没有'를 썼기 때문에 '了'를 쓰지 않았다.

미래 동작의 완료를 나타낼 때도 동사 뒤에 '了'를 쓸 수 있다. 예문 ④에서 '明儿'은 미래시제이므로 '下了课'란 미래 동작의 완료를 나타낸다. 예문 ⑤에서도 동사 뒤에 '了'를 써서 미래 동작의 완료로 추측과 가능을 나타내었다.

동작의 완료라도 아래 **세 가지 조건**이 갖추어져야 '了'를 쓸 수 있다.

(1) 한 동작이 완료된 다음 이어지는 다른 동작이 있어야 한다.

① 我们下了课 → 我们下了课一块儿去。
② 你做完了功课 → 你做完了功课, 我才让你去。

예문 ①과 ②에서 '我们下了课'와 '你做完了功课'는 완전한 문장으로 되지 못한다.

(2) 목적어 앞에 확정된 개념을 나타내는 단어나 수량사가 있어야 한다.

① 我们上了课 → 我们上了<u>三节课</u>。
② 他念了大学 → 他念了<u>两年大学</u>。

(3) 완료를 나타내는 동작동사 앞에 시간부사나 시간명사가 쓰여야 한다.

① 他们完成了任务 → 他们<u>三天</u>就完成了任务。
② 蔡老师看出了问题 → 蔡老师<u>早就</u>看出了问题。

'了'가 동사 뒤에 쓰여 동작의 완료를 나타내지만, 그렇다고 모든 동사 뒤에 다 쓰이는 것은 아니다.

(1) 동작이 짧은 시간 내에 끝나지 못하는 심리활동 동사나 변화를 나타내지 않는 동사 '希望, 赞成, 反对, 拥护, 热爱, 爱, 主张, 恨, 害怕, 怕, 喜欢, 奇怪, 像, 属于, 认为, 需要, 作为, 争取' 등에는 시제조사 '了'를 쓰지 못한다.

① 我小时候害怕了磷火。(×)
② 过去我喜欢了音乐, 她喜欢了体育。(×)
③ 过去缺电的时候要了瓦斯灯。(×)

(2) 동사는 시제조사 '了'를 쓸 수 있지만 시간부사 '正在, 正, 在, 经常, 时常' 등이나 능원동사와 같이 쓰이면 시제조사 '了'를 쓰지 못한다.

① 我们正在建设了新城市。(×)
② 我们经常看了语文参考书。(×)
③ 我们应当从旧语法书中批判地吸收了对我们有用的东西。(×)

◉ 어기조사 了

어조조사 '了'는 문장 끝에 쓰여 상황의 변화를 나타낸다.

① (已经)下了雨。(비가 왔다.) (시제조사)
② (正在)下雨。(비가 온다.)
③ (开始)下雨了。(비가 오기 시작했다.) (어기조사)

어기조사 '了'가 상황의 변화를 나타내려할 때 동사 앞에 흔히 '快', '要', '该'를 쓴다.

④ 要下雨了。(비가 오려한다.)
⑤ 快吃饭了。(곧 식사를 하려 한다.)
⑥ 该下班了。(퇴근할 때가 되었다.)
⑦ 会议就要结束了。(회의가 곧 끝나려 한다.)
⑧ 春天快要到了。(봄이 곧 오려고 한다.)

동사 뒤에 시제조사 '了'를 쓰고 문장 끝에 어기조사 '了'를 쓰면, 동작의 완료뿐 아니라 상황의 변화나 지속을 나타낸다.

① 已经下了雨了。
② 我已经看了电影了。
③ 他的孩子都上了幼儿园了。

시제조사 '了'를 쓴 동사 뒤에 시간명사나 수량사가 쓰이면 동작의 완료를 나타내나, 시간명사나 수량사 뒤에 어기조사 '了'가 쓰이면 동작의 시작부터 말하는 순간까지 경과한 시간이나 수량을 나타내며, 동작의 완료는 나타내지 않는다.

④ 他在上海住了两年。
⑤ 他在上海住了两年了。
⑥ 他睡了一个钟头。
⑦ 他睡了一个钟头了。
⑧ 课文我读了三遍。
⑨ 课文我读了三遍了。

예문 ④에서 '他'가 지금은 '上海'에 있지 않음을 나타내나, 예문 ⑤에서는 '他'가 지금도 '上海'에 머물고 있음을 나타낸다. 예문 ⑥에서는 한 시간 잠을 잔 후 지금은 깨어 있음을, 예문 ⑦에서는 잠을 잔지 한 시간 되는데 지금도 자고 있음을 나타낸다. 예문 ⑧에서는 세 번 읽었고 지금은 더 읽지 않음을 나타내며, 예문 ⑨에서는 지금까지 세 번 읽었는데 앞으로 더 읽을 수 있음을 암시한다.

동사 자체가 동작의 완료를 나타낼 때 시제조사 '了'는 생략할 수 있다.

⑩ 大会结束(了)三天了。
⑪ 部队出发(了)两天了。

[참고]

부정부사 '没有'와 조사 '了'의 관계

시제조사 '了'를 가진 동사를 '没有'로 부정할 때 시제조사 '了'를 생략한다.

① 我上午买了书。 → 我上午没有买书。 → 我上午没有买了书。(×)
② 我已经通知了小王。 → 我没有通知小王。 → 我没有通知了小王。(×)
③ 他昨天看了电影。 → 他昨天没有看电影。 → 他昨天没有看了电影。(×)

따라서 '没有'의 부정문을 긍정문으로 고치면 '没有'를 없애고 동사 뒤에 '了'를 쓴다.

④ 我没有问老张。 → 我已经问了老张。

시제조사 '了'와 어기조사 '了'가 같이 쓰인 문장을 부정하려면, 동사 앞에 '没有'를 쓰고 시제조사 '了'를 없애며 어기조사 '了'를 '呢'로 바꾼다.

⑤ 我看了小说了。 → 我还没有看小说呢。
⑥ 我已经写了信了。 → 我还没有写信呢。
⑦ 小说他读了三遍了。 → 小说他没有读三遍呢。

• 着

'着'는 동사 뒤에 쓰여 동작의 진행이나 상태의 지속을 나타낸다.

현대 중국어에서 동작의 진행과 시제조사 '着'는 필연적인 관계는 없다.

따라서 동작의 진행이라고 반드시 '着'를 쓰는 것은 아니다. 동작의 진행은 시간부사나 어기조사 외에도 단어나 단어 결합 혹은 문맥을 통해 나타내기도 한다.

① 妈妈读着信, 脸上露出高兴的神色。
② 她在昌着 ≪十五的月亮≫。
③ 弟弟正在看书。
④ 你们静一静, 爷爷睡觉呢。
⑤ 他给我送书来。
⑥ 外边雪正下着呢。

위의 예문은 모두 동작의 진행을 나타낸다. 예문 ①에서 '妈妈读着信'이라고만 하면 완전한 문장이 되지 못하며, 예문 ②에서도 '在'가 없으면 완전한 문장으로 되지 못한다.

'着'를 사용하여 동작의 진행을 나타내는 문장의 특징은 아래와 같다.

(1) 동작의 진행 동사 앞에 시간부사 '正', '正在', '在'와 호응하여 쓸 수 있다.

① 她在唱着歌。
② 外边正在下着雪。

그러나 상태의 지속을 나타내는 경우에는 동사 앞에 시간부사 '正', '正在', '在'를 쓸 수 없다. 만일 쓰였다면 상태의 지속이 아니라 동작의 진행으로 보아야 한다.

① 他穿着一身新衣服。(지속) → 他正穿着衣服。(진행)
② 墙上挂着一幅水彩画。(지속) → 他在挂着画。(진행)
③ 门开着呢。(지속) → 他正开着门呢。(진행)

예문 ②는 '걸려 있다'는 지속의 뜻을 나타내며, 진행을 나타낼 때에는 '걸고 있다'는 뜻이 된다. 예문 ③에서 지속을 나타낼 때는 '열려져 있다'는 뜻이며, 진행을 나타낼 때에는 '열고 있다'는 뜻이 된다.

(2) 문장 끝에 어기조사 '呢'를 쓸 수 있다.

① 他们开着会呢。
② 外边下着雪呢。

(3) 한 동작과 다른 동작이 동시에 진행됨을 나타낼 수 있다.

① 她唱着歌走进屋来。
② 吃着饭看电视。

그러나 진행과 지속을 나타낸다고 모든 동사 뒤에 시제조사 '着'가 오는 것은 아니다.

(1) 지속성이 없는 동사 '倒, 塌, 死, 崩, 丢, 进, 退, 忘, 完, 遗失, 消灭, 消除, 否定, 通过, 恢复, 停止, 出生' 등은 시제조사 '着'를 쓰지 못한다.

① 火车通过着武汉大桥。(×) → 火车在通过武汉大桥。
② 病人的体力恢复着。(×) → 病人的体力正在恢复。
③ 我们准备迎接着新生。(×) → 我们准备迎接新生。

(2) '爱', '想' 이외의 심리활동 동사 '恨, 害怕, 喜欢, 知道, 重视, 轻视, 帮助, 承认, 否认, 相信, 佩服, 后悔, 努力, 留心, 高兴, 信任, 允许, 懂得' 등은 시제 조사 '着'를 쓰지 못한다.

① 老杨负责分配着工作。 (×) → 老杨负责分配工作。
② 他们爱着祖国爱着人民。(×) → 他们爱祖国爱人民。
③ 小二黑深深地爱着小芹。

'爱'의 경우 예문 ②와 같이 영구불변적인 사랑을 나타낼 때에는 '着'를 쓰지 않지만, 예문 ③과 같이 남녀 간의 사랑을 나타낼 때에는 '着'를 가질 수 있다.

• 过

‘过’는 동사 뒤에 쓰여 동작이 이미 지나갔음을 나타낸다. ‘过’는 ‘了’와 달리 주로 과거시간과 연관되어 있다. 따라서 ‘过’를 쓴 동사 앞에는 흔히 시간부사 ‘曾经’, ‘已经’을 쓴다.

① 我看过《红楼梦》。→ 我曾经看过《红楼梦》。
② 他读过那本书了。 → 他已经读过那本书了。
③ 我谈过这个问题。 → 我过去谈过这个问题。

[참고]

시제조사 ‘过’와 ‘了’의 비교

시제조사 ‘过’는 주로 과거시간과 연관되어 있으나, ‘了’는 과거시간과 미래시간과도 연계되어 있다.

예) ① 前天我听过这句话。(과거)
② 前天我听了这句话。(과거)
③ 晚上吃了饭再去看电影。(미래)

• 来着

‘来着’는 문장 끝에 쓰여 일이 얼마 전에 발생되었음을 나타낸다. 오래전에 있었던 일이라도 말하는 사람이 가까운 과거로 인정하고 말할 때 문장 끝에 ‘来着’를 쓸 수 있다. ‘했었었지’의 뜻이다.

① 刚才他看电影来着。
② 上午干什么来着?

'来着'는 긍정문과 '谁'나 '什么'가 있는 의문문에 쓰고 부정문에는 쓰지 못한다.

③ 他看书来着。 → 他没有看书来着。(×)
④ 他干什么来着? → 他不干什么来着。(×)

• 呢

의문대명사 '什么, 谁, 怎么, 哪, 几' 등과 쓰여 의문을 제기하고, 그 의문을 상대방으로 하여금 대답하게 하는 의문문의 어기조사이다.

① 他为什么不来呢？
② 他是谁家的孩子呢？
③ 你到哪儿去呢？

문장 안에 '是…还是…'가 쓰여 상대방으로 하여금 한 가지만 선택하도록 하게 하는 의문문에 쓰인다.

④ 那是谁, 是你的同学呢, 还是你的朋友？
⑤ 你对这事情是赞成呢, 还是反对呢？

한 사건에 대한 긍정과 부정을 선택하는 의문문에 쓰인다.

⑥ 我这样说对不对呢？
⑦ 这个东西好不好呢？

• 的

'的'는 때로 문장 끝에 쓰여 긍정이나 확신을 나타내는 어기조사로 쓰인다.

① 他会来。(가능) → 他会来的。(확신)
② 他要走了。(소원) → 他要走的。(확신)

• 着呢

'着呢'는 형용사나 형용사성 단어결합 뒤에서 어떤 성질이나 상태의 긍정과 과장의 뜻을 갖고 있다. 이때 형용사는 정도부사의 수식을 받지 못한다.

① 小伙子结实着呢。 → 小伙子很结实着呢。(×)
② 这条马路宽着呢。 → 这条马路挺宽着呢。(×)

제 11 절 감탄사

> **【주요내용】**
> - 감탄사의 정의
> - 감탄사의 종류:
>
>   1) 즐거움 2) 슬픔과 괴로움 3) 분노와 멸시
>
>   4) 놀라움 5) 부름 6) 응답

1. 감탄사란 무엇인가?

감탄사란 문장 앞에 쓰여 이야기하는 사람의 감정을 나타내거나 부름과 응답을 나타내는 단어들의 부류이다.

① **啊!** 这不是我二十年来时时记得的故乡？
② **唉!** 这一来, 把工作都耽误了。
③ **喂!** 快回来呀!

감탄사는 일종의 특수한 품사이다. 조사는 단어나 단어결합, 문장 뒤에서 문법적 관계를 나타내므로 단독으로 쓰이지 못하지만, 감탄사는 문장 전체와 연관되어 단독으로 쓰일 수 있다. 또 문장 앞에 쓰여 문장과 비교적 긴 쉼을 이루며 서사어에서는 감탄부호나 쉼표로 간격을 둔다.

2. 감탄사의 종류

1) 즐거움을 나타내는 감탄사

① **哈哈**, 丰收在望!
② **嘿嘿**, 你真能干!

2) 슬픔과 괴로움을 나타내는 감탄사

① **唉**! 小孩子不小心摔伤了。
② **哎哟**! 真够呛啊。

3) 분노와 멸시를 나타내는 감탄사

① **哼**! 你到底为什么这样啊？
② **呸**! 他行吗？

4) 놀라움을 나타내는 감탄사

① **唉啊!** 那边有一条蛇!
② **咦!** 孩子又怎么啦？

'啊呀', '哎呀', '哎呦', '哎唷' 등 역시 놀라움을 나타내는 감탄사로 사용한다.

③ **啊呀**, 真是大饱眼福啊!
④ **哎呀**, 真帅呀!

⑤ **哎呦**, 你怎么现在来呢?

5) 부름을 나타내는 감탄사

① **喂**! 你过来吧!
② **哎**, 同学们上课去。

6) 응답을 나타내는 감탄사

① **嗯**! 我知道啦!
② **唉**! 我这就来!

제 12 절 의성사

【주요내용】

- 의성사의 정의
- 의성사의 종류:
  1) 단순 의성사 2) 상태 의성사

1. 의성사란 무엇인가?

의성사란 사람이나 동물이 내는 소리, 혹은 자연계에서 나는 소리를 모방하여 만든 단어들의 부류이다.

① 他**嗯**了一声就走了。
② 一帮孩子**扑通扑通**往河里跳。
③ 真像**嘻嘻哈哈**的小孩子。
④ 胜利的旗帜, **哗啦哗啦**地飘。

【참고】

감탄사는 문장에서 문법적 관계를 이루지 못하고 독립적으로 쓰이지만, 의성사는 대부분이 문장성분이 될 수 있다.

의성사는 소리의 모방이므로 언어에 따라 다르게 표기되며, 같은 언어일지라도 지방에 따라 달리 표기되기도 한다. 그러므로 한국어의 의성사를 중국어에 그대로 옮기면 다를 수 있다.

2. 의성사의 종류

의성사는 문장론적 기능에 의하여 **단순 의성사**와 **상태 의성사**로 나눈다.

1) 단순 의성사

단순 의성사는 객관적인 소리를 모방한 어음(语音) 형태를 말한다.

砰, 哗, 轰, 嘻, 咚, 唿, 溜, 嘎吧, 砰朗, 豁啷, 叭嚓, 呼噜,
扑通, 扑嗤, 咕哝, 呜啦, 淅沥, 哗啦, 嘟噜, 呱哒, 滴答, 叽喳,
劈啦, 乒乓, 丁当 …등

2) 상태 의성사

상태 의성사란 단순 의성사의 중첩형식으로 주관적 색채를 띠고 있으며, 묘사성을 가지고 있는 복잡한 어음 형태를 말한다.

冬冬, 砰砰, 轰轰, 啦啦, 汪汪	(AA)
咚咚咚, 嗒嗒嗒, 突突突, 喔喔喔	(AAA)
劈劈啪啪, 哗哗啦啦, 叽叽喳喳	(AABB)
的嗒的嗒, 咕咚咕咚, 哗啦哗啦	(ABAB)
轰隆隆, 淅沥沥, 咕噜噜, 当啷啷	(ABB)
的的嗒, 丁丁当, 劈劈啪	(AAB)
劈哩啪啦, 的哩嘟噜, 稀哩哗啦	(A哩BC)

제 5 장 현대 중국어 문장

【주요내용】

- 현대 중국어 문장의 정의
- 현대 중국어 문장의 유형
  1) 구조에 따른 분류
  2) 내용에 따른 분류

제 1 절 문장이란 무엇인가?

문장이란 단어나 단어 결합이 일정한 문법적 규칙에 의해 결합되어 의미를 완전하게 나타내는 언어의 최소 단위이다. 그러나 의미를 완전하게 나타낸다는 점에서 단어나 단어 결합과 구별된다.

한 개 언어 단위가 문장 구조의 형식에 부합되고 완전하게 의미를 나타내어 의사소통의 역할을 할 수 있다면, 그것은 문장이 될 수 있다.

① 春天到了。
② 进来!
③ 信!

완전한 의미를 나타내려면 서술하는 내용과 서술하는 대상이 갖추어져야 한다. 또한 한 개 단어라도 일정한 언어 환경에서 완전한 의사를 표현하였다면 문장이 될 수 있다.

예를 들어, 문 밖의 노크 소리에 "进来!"라고 말했다면, 그것은 비록 한 개의 단어지만 의사소통을 전달할 수 있다. 편지가 왔을 때 "信!"하면 "来信了"의 뜻으로 완전한 의사를 표현한 것으로 된다.

단어나 단어 결합이 문장이 되려면 아래와 같은 필수 조건이 갖추어져야 한다.

(1) 독립적으로 존재할 수 있어야 한다. 단어나 단어 결합은 일정한 뜻을 가지고 있으며, 문장을 이루는 소재로 되지만 독립성이 없다.

① 我知道他明天来。
② 他明天来。

⇨ ①, ② 모두 '他明天来'라는 주술적 단어 결합을 가지고 있지만, ①의 他明天来는 독립성이 없고, ②의 他明天来는 독립성이 있다.

(2) 상대적으로 완전한 의미가 있어야 한다. 문장은 의미를 표현하는 기능을 가지고 있기 때문에 그것을 더 분리하면 상대적으로 완전한 의미 내용을 표현하지 못해 의사소통을 위한 언어적 단위가 되지 못한다.

① 八十年代是我国历史发展上的重要年代。
⇨ 위의 예문은 하나의 문장으로서 더 분리시켜 단어나 단어결합으로 나누게 되면 완전한 의미를 나타내지 못한다.

(3) 일정한 어조가 있어 서로 다른 어감을 나타낼 수 있어야 한다. 한 개 단어나 단어 결합이 때로는 문장이 될 수 있다. 그러나 문장 끝에는 반드시 어조가 동반되어야 한다.

어조는 문장에 있어 중요한 표현 방식의 하나로 어조가 없이는 문장으로 되지 못한다.

① 我走了。
② 他走了?
③ 你回去吧。

(4) 앞뒤에 큰 쉼이 있어야 한다.

① 他不知道。
② 我知道他不知道。(×)

제2절 문장의 유형

중국어의 문장은 그 구조와 내용에 따라 다음과 같은 유형으로 나눌 수 있다.

1. 구조에 따라 나눈 문장

문장은 구조에 따라 단일문과 복합문으로 나눌 수 있다. 단일문은 문장성분으로 이루어졌으며, 복합문은 단일문으로 이루어졌다.

단일문의 구조는 문장 성분이고, 복합문의 구조는 문절(단일문)이다.

1) 주술문

주술문이란 주술적 단어 결합으로 이루어진 문장이다. 즉, 주어 부분과 술어 부분으로 이루어져있다.

① 我 ‖ 明白了。
주 술
② 他 ‖ 是工人。
주 술
③ 他 ‖ 相信我不会说出这些话。
주 술

문맥과 상황에 따라 주술문의 주어나 술어가 나타나지 않을 수 있다.

① A: 谁 ‖ 去?

B: 我 ‖ ( )。

② A: ( ) ‖ 来了? ( ) ‖ 买什么?
B: ( ) ‖ ( )铅笔。
A: ( ) ‖ 买几根( )?
B: ( ) ‖ ( )三根( )。

앞, 뒤 문절의 주어가 같을 때 뒷문절의 주어가 생략되거나 앞문절의 주어가 생략된다.

① 她刚要走, ( ) ‖ 又停了下来。

2) 비주술문

비주술문이란 주술적 단어 결합 이외의 단어 결합으로 이루어진 문장이다. 무주어문이나 단어문이 그 종류이다.

무주어문은 주어 부분이 없고, 술어 부분만 있는 문장이다. 문맥과 상황에 의거하지 않고도 완전한 의미를 나타낸다. 오히려 주어를 넣거나 보충하면 부자연스러워질 수 있다.

① 下雨了。
② 上课了。
③ 开会了。

⇨ 자연 현상이나 사실 상황을 설명하는 경우 무주어문이 성립.

① 加油!
② 谢绝参观。
③ 请爱护公物。

⇨ 일반적인 요구나 금지를 나타낼 때 무주어문이 성립.

① 提倡一对夫妇只生一个孩子!
② 高高兴兴上班, 安安全全回家!
③ 请爱护公物。

⇨ 표어나 구호에서 성립.

① 知己知彼, 百战百胜!

⇨ 오랜 기간 동안 내려온 격언에서 무주어문이 성립.

단어문은 단어로 이루어지거나 명사를 중심으로 한 규정적 단어 결합으로 이루어진 문장이다. 상황이나 문맥에 의하여 어느 성분이 생략된 부분인지 알기 힘들뿐만 아니라 생략된 부분이 주어인지 목적어인지 분석하기 어렵다.

① 飞机!
② 蛇!
③ 票!
④ 好大的胆子!
⑤ 春天的一个早晨。
⑥ 同学们!

⑦ 对!

⑧ 不!

⑨ 怎么?

⑩ 谢谢!

⑪ 敬礼!

⑫ 哦!

⑬ 啊!

⑭ 好厉害!

단어문은 예문과 같이 사물이 돌연적인 출현을 할 때, 상대방에게 어떤 요구를 제기할 때, 사물의 속성에 대한 감탄을 나타낼 때, 극본에서 시간과 장소를 나타낼 때, 상대방을 부를 때, 찬성이나 반대, 의문의 뜻을 나타낼 때, 존경, 겸손, 응답, 감탄의 뜻을 나타낼 때 성립된다.

2. 내용에 따라 나눈 문장

문장은 내용과 어조에 따라 서술문, 의문문, 청유문, 감탄문으로 나눈다.

1) 서술문

서술문이란 어떤 사실에 대하여 서술하는 문장이다. 문장 끝에 흔히 어기조사 '了', '的', '呢', '啊' 등이 쓰여 서로 다른 어조와 감정 색체를 나타낸다. 서술문 끝에는 문장부호 '。'를 쓴다.

① 他身体很健康。

② 他已经到北京了。
③ 我们问过他的。
④ 我比他还漂亮。
⑤ 我们是一家人嘛。

2) 의문문

의문문이란 어떤 사실에 대하여 물어보는 문장이다. 의문문에서 대답을 요구하는 의문문도 있고, 의문의 형식으로 긍정과 부정을 나타내는 의문문도 있다. 의문문의 끝에는 '?'가 표시된다.

① 你是谁?
② 这句话是对吗?
③ 朋友们都到哪儿去了呢?
④ 今天做什么呀?
⑤ 难道这个事情还不清楚吗?

의문문은 물어보는 내용에 따라 시비 의문문, 의문대명사 의문문, 선택 의문문, 정반 의문문으로 나눈다.

• 시비 의문문

'是', '不是', '对', '不对' 등으로 물음에 대답할 수 있는 의문문이다. 문장 끝에 흔히 어기 조사 '啊', '吗', '吧' 등을 쓴다.

① 你是学生?
② 明天走吗?

③ 他找我吗?

④ 你不去啊?

• 의문대명사 의문문

의문 대명사로 물어보는 의문문을 말한다. 문장 끝에 어기조사 '呢', '啊' 등을 쓰고 흔히 어기 조사 '吗'를 쓰지 않는다.

① 你什么时候去?

② 你怎么不去呢?

③ 你现在觉得怎么样?

④ 谁是你的班主任呢?

• 선택 의문문

선택할 수 있는 몇 가지 사실을 나열하고, 그 가운데 한 가지만 선택할 수 있게 물어보는 의문문을 말한다. '还是' 등이 사용된다. 문장 끝에 흔히 어기 조사 '呢', '啊' 등을 쓴다.

① 你上午去还是下午去?

② 你去还是我去呢?

③ 你是同意还是不同意?

④ 你要喝咖啡还是喝茶?

• 정반 의문문

술어의 긍정 형식과 부정 형식으로 물어보는 의문문을 말한다. 문장 끝에 흔히 어기 조사 '呢'를 쓰고 '吗'를 쓰지 않는다.

① 这个东西好不好呢?
② 你看不看电视?
③ 你是不是明天去游泳?
④ 是不是你明天去游泳?
⑤ 你明天去旅游是不是?

3) 청유문

다른 사람에게 어떤 행동을 할 것을 요구하거나 다른 사람에게 어떤 행동을 하지 말 것을 요구하는 문장을 말한다. 문장 끝에 흔히 '吧', '了', '啊'를 쓴다. 청유문 끝에 요구가 강할 때에 감탄 부호를 찍는다.

① 请帮我推一推。
② 不许动!
③ 停止前进!
④ 禁止吸烟。
⑤ 你自己收拾吧!

4) 감탄문

감탄문이란 이야기하는 내용에 강열한 감정 색체를 띠게 하는 문장을 말한다. 문장 끝에 흔히 어기 조사 '啊', '哪', '呀', '啦', '呢' 등을 쓴다.

① 真没有想到啊!
② 太可怕啦!
③ 啊! 原来是你。
④ 哎呀! 长江大桥可真了不起。

주요 참고 도서

中国语法理论	王力	1951年
语法修辞讲话	吕叔湘 朱德熙	1951年
语法与语法教学	张志公 主编	1956年
现代汉语语法讲话	丁声树 等	1961年
汉语语法分析问题	吕叔湘	1979年
现代汉语	胡裕树 主编	1979年
现代汉语语法研究	朱德熙	1980年
现代汉语八百词	吕叔湘 主编	1980年
现代汉语	黄伯荣 廖序东 主编	1983年
实用现代汉语语法	刘月华 等	1983年
조선어 문법	최윤갑	1980년
조선어 실용 문법	서영섭	1981년
중어 문법	박준영	1963년
조선 문화어 문법	과학,백과 사전 출판사	1979년

색 인